JOHN CARLIN

La sonrisa de Mandela

John Carlin nació en Londres en 1956, y estudió
Lengua y Literatura Inglesa en la Universidad de
Oxford. Empezó su carrera periodística en 1981
como redactor de política y deportes, y fue crítico de
cine para el *Buenos Aires Herald* (Argentina). Desde
entonces ha escrito desde paises de todos los conti-
nentes para medios de todo el mundo. Entre 1989 y
1995 fue corresponsal en Sudáfrica de *The Indepen-*
dent, y cubrió los años decisivos del fin del apartheid.
Ha realizado documentales y ha escrito varios libros,
incluyendo *El factor humano*, en el que se basó la película *Invictus*, y *Rafa*, sobre el tenista español Rafa
Nadal.

La sonrisa de Mandela

La sonrisa de Mandela

JOHN CARLIN

Traducción de Nando Garí Puig y Sergio Lledó

VINTAGE ESPAÑOL
Una división de Random House LLC
Nueva York

PRIMERA EDICIÓN VINTAGE ESPAÑOL, ENERO 2014

Copyright de la traducción © 2013 por Fernando Garí Puig y Sergio Lledó Rando

Todos los derechos reservados. Publicado en coedición con Penguin
Random House Grupo Editorial, S. A., Barcelona, en los Estados Unidos
de América por Vintage Español, una división de Random House LLC,
Nueva York, y en Canadá por Random House of Canada Limited, Toronto,
compañías Penguin Random House. Originalmente publicado en inglés en
EE.UU. como *Knowing Mandela: A Personal Portrait* por HarperCollins
Publishers, Nueva York. Copyright © 2013 por John Carlin. Esta traduc-
ción fue originalmente publicada en España por Penguin Random House
Grupo Editorial, S. A., Barcelona, en 2013. Copyright de la presente
edición en castellano para todo el mundo © 2013 por Penguin Random
House Grupo Editorial, S. A.

Vintage es una marca registrada y Vintage Español y su colofón
son marcas de Random House LLC.

Información de catalogación de publicaciones disponible en la
Biblioteca del Congreso de los Estados Unidos.

5327 4550 3/14

Vintage ISBN en tapa blanda: 978-0-8041-7300-1
Vintage eBook ISBN: 978-0-8041-7301-8

Para venta exclusiva en EE.UU., Canadá, Puerto Rico y Filipinas.

www.vintageespanol.com

Impreso en los Estados Unidos de América
10 9 8 7 6 5 4 3 2 1

Para Sudáfrica

Índice

La sonrisa de Mandela

Prólogo

Este es un libro breve acerca de un gran hombre a quien tuve la suerte de conocer: Nelson Mandela. La historia se centra en el épico período comprendido entre 1990 y 1995, cuando Mandela tuvo que enfrentarse a sus más temibles obstáculos y alcanzó sus mayores triunfos; la época en la que los mejores aspectos de su talento como líder político brillaron con todo su esplendor.

Como corresponsal en Sudáfrica del *Independent* londinense, pasé esos cinco años dejando constancia de las hazañas de Mandela, de sus problemas y tribulaciones, y, como tal, fui uno de los pocos periodistas extranjeros que cubrió tanto su puesta en libertad, el 11 de febrero de 1990, como su ascenso a la presidencia del país cuatro años más tarde. Mi proximidad a Mandela a lo largo de un período tan decisivo en la historia de Sudáfrica me permitió observar al hombre tan de cerca como era esperable de cualquier persona que hubiera estado en mi posición. No puedo presumir de llamarlo amigo, pero sí decir sin asomo de duda que él sabía perfectamente quién era yo y que había

11

leído la mayor parte de mis escritos, cosa que me llena de orgullo.

Cuando en 1995 dejé Sudáfrica y me trasladé a Washington seguí pensando en Mandela y estudiándolo cada vez que tenía ocasión de entrevistar a alguno de sus numerosos colaboradores durante la investigación que estaba realizando para una serie de documentales y para mi libro anterior, *El factor humano*, que trataba de su momento de mayor gloria política, un hito en la historia disfrazado de partido de rugby. Durante ese tiempo acumulé una enorme cantidad de información y muchas anécdotas significativas que acabaron por dar forma a mi manera de percibir su vida, tanto privada como pública.

Creo que por muy importante que haya podido ser la presencia de Mandela en el escenario global, todavía queda mucho que decir acerca de él como hombre, sobre la calidad de su liderazgo y el legado que deja al mundo. Mi esperanza es que cuando los lectores terminen este libro tengan un conocimiento más profundo de Mandela como individuo y comprendan por qué es, tanto en lo moral como en lo político, la figura más destacada de nuestra era.

Aun así, Mandela tenía sus defectos y cargaba con las cicatrices de una gran angustia interior. Logró sus victorias en el terreno de la política al precio de la infelicidad, la soledad y el desengaño. No era ni un superhombre ni un santo; sin embargo, en mi opinión, eso no hace más que engrandecer sus hazañas y situarlo junto a hombres de la talla de Abraham Lincoln, Mahatma Gandhi y Martin Luther King en el reducido panteón que la historia tiene reservado para sus mayores figuras.

El general Alan Brooke, jefe del Estado Mayor Británico durante la Segunda Guerra Mundial, dijo sobre Winston Churchill: «Es el hombre más extraordinario que he conocido y su persona nunca deja de ser fuente de interés a la hora de estudiarlo y de comprender que, muy de vez en cuando, aparecen en este planeta individuos como él, seres humanos que sobresalen ampliamente por encima de todos los demás».

Para mí, estas palabras bien podrían haber sido dichas con igual o mayor motivo acerca de Mandela. Es el único líder político que he conocido a lo largo de mis más de treinta años como periodista —durante los que he cubierto conflictos por todo el mundo, desde las guerras de guerrillas de América Central hasta las incruentas batallas del Congreso de Estados Unidos— que ha conseguido anular el cinismo que suele ser consustancial al oficio periodístico. Llegué a Sudáfrica después de pasar diez años en Latinoamérica, asqueado por el horror en que unos militares asesinos habían sumido a sus propios pueblos y por los presidentes títeres puestos en el cargo por las superpotencias de la Guerra Fría. Mandela cambió todo eso. Gracias a él me marché de Sudáfrica convencido de que un liderazgo noble e inteligente no había desaparecido definitivamente del catálogo de las potencialidades humanas.

Miremos donde miremos, nuestra fe en los líderes políticos ha tocado fondo. La mediocridad, el fanatismo y la cobardía moral campan a sus anchas. Nelson Mandela, que siguió siendo generoso y astuto a pesar de haber estado veintisiete años en la cárcel, destaca como un ejemplo oportuno y una fuente de inspiración imperecedera. La humanidad es y ha sido capaz de grandes hazañas, y siempre hay motivos y oportunidades para que hagamos las cosas mejor.

Ofrezco con afecto y gratitud este intento de plasmar en palabras el inapreciable legado que nos ha dejado Nelson Mandela.

Agosto de 2013

1

El presidente y el periodista

Condenado a cadena perpetua en 1964 por haberse alzado en armas contra el Estado, se suponía que debía haber muerto en una diminuta celda de una pequeña isla. Sin embargo, treinta años más tarde tenía ante mí a Nelson Mandela, no como prisionero del Estado, sino como su jefe supremo. Apenas había transcurrido un mes desde que había sido elegido presidente de Sudáfrica cuando me dio la bienvenida a su nuevo despacho de los Edificios de la Unión en Pretoria ofreciéndome su gran y familiar sonrisa y estrechando mi mano con la suya, grande y callosa tras años de trabajos forzados. «¡Oh, hola, John! ¿Cómo estás? —exclamó con lo que parecía auténtica alegría—. Me alegro mucho de verte.»

Sin duda resultaba halagador que uno de los hombres más famosos del mundo me llamara por mi nombre de pila con una naturalidad y un entusiasmo tan aparente. Aun así, durante la hora que pasé con él, en la que fue la primera entrevista que concedió a un periódico extranjero tras subir al poder, decidí olvidar que Mandela —al igual que ese otro maestro de la política llamado Bill Clinton— parecía tener la habilidad de recordar el nombre de todas las personas que había conocido. Fue únicamente más tarde, una vez que el brillo de su encanto personal se había apagado, cuando me detuve a preguntarme hasta qué punto su actitud estaba calculada y si había intentado cautivarme deliberadamente tal como había logrado hacer no solo con el resto de periodistas y políticos de cualquier tendencia, sino también con cualquier persona que hubiese pasado algún tiempo en su compañía. ¿Era un actor o se mostraba sincero? Con el tiempo acabé encontrando la respuesta, pero lo cierto es que entonces yo, como todos los demás, fui incapaz de resistirme.

Con su metro ochenta de estatura y un porte erguido e imponente en su impecable traje, Mandela caminaba con cierta rigidez, con los brazos sueltos mientras me hacía pasar con aire majestuoso y a la vez desenfadado al interior de su despacho forrado de madera, una estancia lo bastante espaciosa para dar cabida cuarenta veces a su antigua celda de la cárcel. Tal como habría hecho el más educado de los anfitriones, me indicó que me sentara en unos sofás tan finamente tapizados que no habrían desentonado en el palacio de Versalles. Mandela, que pronto iba a cumplir setenta y seis años, se movía con tanta elegancia y naturalidad en su papel de presidente como si hubiera pasado un tercio de su vida, no en prisión, sino entre aquellos oropeles dorados con los que sus predecesores se habían obsequiado a sí mismos para compensar la indignidad de saberse objeto del desprecio del resto del mundo.

Por un giro sorprendente del destino, el hombre que se disponía a sentarse ante mí se había convertido en el jefe de

Estado más unánimemente admirado de la historia. Lo cierto era que yo sentía cierta aprensión. Nos habíamos encontrado en numerosas ocasiones desde mi llegada a Sudáfrica en enero de 1989, trece meses antes de su puesta en libertad. Lo había entrevistado, había mantenido numerosas conversaciones con él y había asistido a sus ruedas de prensa y apariciones públicas. Aun así, cinco años y medio después, en la mañana de aquel 7 de junio de 1994, me sentía intimidado. Si en el pasado Mandela había sido un luchador por la libertad privado del derecho de voto, en esos momentos era el presidente electo. Cuatro meses antes, lo más granado de la política mundial había llegado de todos los rincones del globo para su ceremonia de posesión en esos mismos Edificios de la Unión, un gran conjunto marrón situado en lo alto de una colina que domina la capital de Sudáfrica y que durante ochenta y cuatro tristes años había sido la sede del poder blanco. Desde esa ciudadela se habían aplicado las leyes del apartheid. Desde allí, los jefes de la tribu blanca dominante en Sudáfrica, los afrikáners, habían administrado un sistema que privaba al 85 por ciento de la población —a la gente de piel oscura— de cualquier capacidad de intervención en los asuntos de su país. No podían votar, se les enviaba a escuelas de inferior calidad para que no pudieran competir con los blancos por un puesto de trabajo, se les decía dónde podían y no podían vivir y qué hospitales, autobuses, trenes, parques, playas, aseos y teléfonos públicos podían utilizar o no.

Tal como el propio Mandela lo describió en una ocasión, el apartheid equivalía a un genocidio moral: el intento de exterminar el respeto por sí mismo de todo un pueblo.

Naciones Unidas lo definía como un «crimen contra la humanidad», pero los antiguos moradores de los Edificios de la Unión creían estar haciendo la obra de Dios en la tierra, y al cuerno con la humanidad. La ortodoxia calvinista del apartheid predicaba con lógica admirable que las almas blancas y negras habitaban paraísos separados. De ese modo resultaba moralmente imperativo que aquellos pocos elegidos respondieran a los que se alzaban en contra de la voluntad de Dios y recurrieran a todo el poder que Dios, en su magnificencia, les había otorgado. Los vulgares soldados rasos negros que se rebelaban eran sometidos a la obediencia mediante el terror, golpeados por la policía, a veces torturados y muy a menudo encarcelados sin cargos. A sus líderes más destacados, como Mandela, se les castigaba con el destierro a una isla desolada del sur de la costa atlántica.

Sin embargo, Mandela había logrado sobrevivir y, al fin, alzarse y conquistar la ciudadela. Durante la hora que pasamos juntos en ningún momento presumió de ello, ni siquiera remotamente, pero lo cierto es que había logrado derrotar al dios del apartheid y arrojar al vertedero de la historia la interpretación afrikáner de la teología calvinista. Las leyes del apartheid se habían eliminado, se habían convocado elecciones democráticas por primera vez, y el partido que él lideraba, el Congreso Nacional Africano (ANC), había ganado con las dos terceras partes de los votos. En esos momentos era el jefe supremo, el presidente en lo alto de la colina. Pero no solo había cumplido su destino, sino que lo había hecho al estilo clásico, desempeñando el papel del héroe que se rebela contra la tiranía, que soporta la cárcel con paciencia espartana, se vuelve a alzar para liberar a su pueblo encadenado y, en un giro muy propio de Mandela, acaba perdonando y redimiendo a sus antiguos enemigos. No era de extrañar que el mundo lo viera como un gigante. Él, por su parte, aunque no dejaba entrever el menor atisbo de arrogancia o pomposidad, era consciente de la alta estima con la que se le consideraba. Y sabía que yo lo sabía.

Se percató de que me sentía nervioso, pero no lo demostró porque eso habría sido una descortesía. Era consciente del efecto que causaba en los demás. Todo el mundo se sentía intimidado en su presencia, pero Mandela no se regodeaba en ello. Deseaba ser tan querido como admirado.

Así pues, hizo conmigo lo mismo que habría hecho con cualquier otro: se esforzó por hacer que me sintiera cómodo, bajó de las alturas para ponerse a mi nivel y me envió el mensaje, codificado pero bastante claro, de que no era más que un simple mortal entregado a su trabajo, como yo; a continuación me dio una cordial bienvenida, me demostró que se acordaba de mi nombre y, por último, cuando nos sentábamos, me desconcertó de nuevo al decir en tono de halago: «Debo pedirte disculpas, John. Estoy convencido de que te hemos obligado a trabajar muy duro estas últimas semanas». Con su característica forma de hablar enfatizó la palabra «muy» y dijo «muy duro» con un destello travieso en la mirada. Entonces pensé, tal como hice la primera vez que lo había visto de cerca, la mañana siguiente a su liberación, qué majestuoso parecía y, al mismo tiempo, qué accesible.

Reí ante su disculpa y respondí con el mismo tono:

—Estoy seguro de que no tanto como habrá tenido que trabajar usted, señor Mandela.

—Desde luego —repuso con una sonrisa aun mayor—, pero tú no has estado haraganeando en una isla tantos años como yo.

No pude reprimir una carcajada. Rebajarse era otro de los trucos que utilizaba para compensar el temor reverencial que inspiraba. Se trata de un rasgo que tiene mucho de británico. Siempre he creído que en otra época Mandela habría sido el perfecto presidente de uno de esos clubes victorianos que todavía existen en Londres. Muy educado y correcto, pero perfectamente cómodo consigo mismo. La impresión no era casual, ya que de niño había sido educado por misioneros ingleses y a los catorce años, tal como confesaría posteriormente, sabía más acerca de la historia de Inglaterra, de las batallas de Hastings, Waterloo y Trafalgar que sobre la conquista del sur de África por parte de los afrikáners y de las luchas de estos contra su tribu, los xhosa. Al nacer, su familia lo llamó Rohlihlahla, que en xhosa significa «el que agita el árbol» o «revoltoso». Fue un profesor del colegio quien más adelante le puso el nombre de Nelson, en honor del más famoso de los almirantes del Imperio británico.

Como todo inglés sabe, desde los tiempos de Nelson e incluso antes, rebajarse uno mismo es un arte sutil que tiene una parte de simulación. Al restar mérito a los propios logros, uno consigue por una feliz coincidencia atraer la atención hacia ellos. Ciertamente había algo más que una pincelada de vanidad en el comentario de que había estado haraganeando en Robben Island, ya que ambos sabíamos que su estancia en prisión no había sido precisamente unas vacaciones en las Bahamas. Me percaté de esa pequeña debilidad, de su necesidad de jactarse. Sin embargo, quizá de un modo no necesariamente premeditado, esto también lo ayudó en su propósito, porque a mis ojos lo hizo más humano todavía. Fuera como fuese, intencionadamente o no, la magia había surtido efecto y logrado que me sintiera cómodo. No exactamente a un nivel de igualdad, pero sí lo suficiente para poder dedicarme a lo que tenía entre manos con la compostura suficiente para no hacer el ridículo.

Puse en marcha mi grabadora y comencé la entrevista. Lancé mi primera pregunta política y, nada más pronunciar las palabras, el rostro de Mandela cambió, su sonrisa se desvaneció y sus facciones se tornaron de piedra. Así ocurría siempre con él. Tan pronto el asunto se volvía serio, tan pronto la conversación empezaba a girar en torno a su misión en la vida, se quedaba muy quieto y escuchaba con intensa concentración. No más bromas a partir de ese momento, pero sí felizmente muchas noticias.

Anunció que tenía intención de dejar el cargo al cabo de su primer mandato de cinco años. Aquello era un bombazo. Días antes habían corrido rumores de que planeaba no presentarse a la reelección, pero aquella era la primera vez que hacía públicas sus intenciones. Se trataba de una toda una declaración, de un mensaje dirigido a su país, a su continente y al mundo; un ejemplo para todos los líderes, electos o golpistas, que, al sucumbir a la vanidad de considerarse imprescindibles, deshonraban la democracia que decían defender. Por el contrario, Mandela era consciente de sus limitaciones y sabía que, llegado 1999, la edad iba a limitar su capacidad para desempeñar su cargo; igualmente no ignoraba que su talento se dirigía menos al gobierno del día a día y más a la consolidación simbólica de la recién hallada unidad de su país. Su papel iba a ser más el de un monarca unificador que el de un administrador práctico.

Por eso añadió también que todavía había mucho que hacer para asegurarse de que todo el buen trabajo de la lucha por la liberación no quedara a medias. Aún había sectores de la extrema derecha que se mostraban recelosos y que no habían depuesto las armas, descontentos con la decisión del gobierno saliente de entregar el poder sin luchar. Consolidar los cimientos de la nueva e inevitablemente frágil democracia sudafricana, me dijo, iba a constituir el principal desafío de su mandato. Un poco burlonamente, le hice notar que el escudo de armas del viejo régimen de apartheid y su irónico lema —«Ex Unitate Vires (la unión hace la fuerza)»— seguía colgado en la pared de su despacho. Mandela me contestó que no tardaría en desaparecer, pero que su gobierno pensaba actuar con cautela a la hora de rebautizar calles, ciudades y monumentos públicos, para no caer en la tentación de los revolucionarios de pisotear los símbolos de identidad y el orgullo de sus compatriotas blancos derrotados.

Se trataba de un material periodístico jugoso y de primera. Sin embargo, cuando repaso la entrevista casi veinte años después, compruebo que lo que ha quedado en mi memoria no es lo que dijo, sino el breve gesto que hizo a los diez minutos de haber empezado, cuando alguien llamó a la puerta y entró una mujer blanca de mediana edad llevando una bandeja con el té.

Al verla, Mandela se interrumpió a mitad de frase y se levantó: acababa de entrar una señora. La saludó efusivamente: «¡Hola, señora Coetzee! ¿Cómo está?», permaneció de pie mientras ella disponía en la mesa las tazas, la leche y el azúcar junto con una botella de agua y un vaso. Luego me la presentó: «Señora Coetzee, este es el señor Carlin». Me levanté (no lo había hecho, lamentablemente) y le estreché la mano. Mandela le dio las gracias profusamente por el té, que era para mí y por el agua, que era para él, mientras ella los servía y no volvió a sentarse hasta que ella había salido del despacho.

Mucho antes de que lo encarcelaran, cuando trabajaba en un bufete en los años cuarenta, Mandela fue objeto de una dura reprimenda por parte de su jefe blanco por servirse el té en las mismas tazas que los empleados blancos. Mandela, que más adelante abriría su propia consulta legal, acababa de incorporarse y no sabía que las tazas de latón eran para el personal negro y las de porcelana, para el blanco. Esa humillación, junto con otras peores que tuvo que soportar, había quedado relegada al cajón del olvido.

La señora Coetzee, cuyo apellido era típicamente afrikáans, seguramente recordaba esas épocas. Es probable que hubiera sido hasta hace poco la encargada de servir el té en su versión «apartheid mezquino», como solían llamarlo allí, en su lugar de trabajo. Tal como sospeché cuando la vi entrar en el despacho (y como confirmé posteriormente), llevaba mucho tiempo trabajando en los Edificios de la

Unión y lo había hecho para los dos antecesores en el cargo de Mandela: Frederik de Klerk, el último presidente de Sudáfrica; y P. W. Botha, un matón cascarrabias apodado «el Gran Cocodrilo» tanto por sus amigos como por sus enemigos. En otras palabras, la señora Coetzee había sido una fiel servidora del Estado del apartheid; y en ese sentido habría resultado natural que Mandela la hubiera visto como una cómplice más del crimen contra la humanidad y al convertirse en presidente la hubiera tratado como se merecía y la hubiera puesto en la calle.

Sin embargo, allí estaba él, y también ella. Ni el menor rastro de resentimiento. Mandela se mostraba todo caballerosidad con aquella mujer, que unos días más tarde le devolvió el cumplido declarando a la prensa local que nunca había recibido de ninguno de los paisanos afrikáners para los que había trabajado una muestra de respeto y amabilidad comparable a la de Mandela.

Lo curioso fue que en lugar de regodearse en su propia munificencia, este se maravillaba con la señora Coetzee. Le había concedido el regalo del perdón, pero según su forma de ver las cosas, ella había sido lo bastante generosa para aceptarlo. Cuando se lo mencioné al cabo de un rato, resultó que estaba tan entusiasmado con ella como ella con él. Le pregunté si, a pesar de la peligrosa corriente de descontento que existía entre la derecha blanca, le sorprendía lo mucho que la población blanca en general parecía haberse adaptado a los cambios políticos. La pregunta lo entusiasmó.

«Así es, ¿sabes? —me dijo—. Sí, mira a la mujer que acaba de traernos el té. Mírela. Es realmente increíble cómo se han adaptado a la nueva posición.» Lo que no parecía ver era que aquella mujer se había adaptado en buena parte gracias al respeto que él le había demostrado. Pero él tenía otra explicación, una más práctica: «Creo que está en la gente, en la naturaleza del ser humano —dijo—. Lo que la gente quiere es paz, seguridad para sí mismos y para sus hijos».

Semejante reflexión resultaba tan cierta como manifiestamente sabia. Sin embargo, volvía a faltar algo en el cuadro: su propia aportación. Mandela insistía en que nunca se había visto a sí mismo como un dios y aun menos, según sus palabras, como un santo. Era consciente de sus defectos personales y de que el azar, sobre el que no tenía control alguno, había jugado un papel importante a la hora de conseguir la libertad para su pueblo. Por ejemplo, ¿qué habría sido de Sudáfrica si en 1989, poco antes de la puesta en libertad de Mandela, P. W. Botha no hubiera sufrido un infarto que lo obligó a ceder el cargo al más flexible Frederik de Klerk? Nadie lo sabe, ni siquiera Mandela. El caso es que, ya fuera por falsa o auténtica humildad, no mostraba deseo alguno de reclamar para sí parte del mérito que le correspondía por haberse ganado el corazón de la señora Coetzee y, a su debido tiempo, el de la totalidad de la población blanca. Justo en ese momento, mientras lo entrevistaba, se hallaba en la cima de su vida y, no obstante, no parecía que el poder se le hubiera subido a la cabeza. Al igual que George Washington lo había sido en el nacimiento de Estados Unidos, Mandela era el hombre indispensable para su país. Muchos otros habían soportado pesados sacrificios o habían contribuido con su parte de generosidad y sabiduría, pero él había sido el arquitecto principal de la revolución pacífica de Sudáfrica. Tal como me comentó en una ocasión Desmond Tutu, el sacerdote agitador de la liberación negra, sin Mandela no habría sido posible. Fueron su integridad y su coraje, sumados a su encanto y su poder de persuasión, los que convencieron a sus enemigos para que cedieran el poder voluntariamente convencidos de que se trataba de un líder en quien podían confiar para evitar el camino de la venganza que sus conciencias culpables tanto temían.

Mandela alcanzó ese objetivo y muchos más, superando un obstáculo tras otro porque, al igual que Ulises —cuyas legendarias hazañas emularía dentro de los límites del mundo real—, supo ser tan inteligente como virtuoso, tan astuto como audaz. La historia de Mandela durante los años que siguieron a su liberación es la de una victoria ganada a pulso. Cómo supo conquistar a la prensa seria, tanto nacional como extranjera; cómo venció a sus demonios personales y a sus vengativos y reticentes seguidores negros; cómo venció al gobierno del apartheid y a la belicosa extrema derecha; cómo conquistó a la gente con la que trabajaba codo a codo después de convertirse en presidente; y, por último, de cómo mediante un acto memorable logró unir a sus compatriotas negros y blancos hasta un punto que había sido del todo inimaginable durante los tres siglos y medio transcurridos desde la llegada de los primeros colonos blancos al extremo sur de África.

2

Grandes esperanzas

La imagen de Mandela saliendo de la cárcel el domingo 11 de febrero de 1990 con el puño en alto, es una de las más memorables del siglo xx. La recordamos como una ocasión cargada de significado político, ya que marcó el principio del fin de una de las tiranías más abominables. Lo que es posible que la gente ya haya olvidado es que entonces satisfizo una inmensa curiosidad. Aunque durante una década Mandela había sido el preso más famoso del mundo, nadie sabía exactamente qué aspecto tenía y aun menos qué clase de persona era. Los fotógrafos llevaban meses acampados a las puertas de la cárcel, cerca de Ciudad del Cabo, sin saber si el gobierno lo soltaría discretamente por la puerta de atrás y sin previo aviso. Y también tenían otro problema: no sabían cómo reconocerlo si salía sin ser anunciado. Uno de ellos preguntó a uno de los guardias blancos para que lo orientara. El hombre contestó: «No se preocupe, cuando lo vea sabrá exactamente quién es. No hay otro como él».

El guardia tenía razón. Alto, delgado y radiante con su traje gris a medida y su corbata azul, Mandela salió de la cárcel una tarde soleada con todo el aspecto de un rey.

Sin embargo, ese día no todo fue como parecía. A pesar de que la Sudáfrica negra y la mayor parte del mundo recibieron la noticia con alborozo, entre bastidores se respiraba una pesada inquietud. Tanto los miembros del gobierno que lo había liberado como sus partidarios del Congreso Nacional Africano (ANC) temían, cada uno a su manera, haber desencadenado un fenómeno que ninguno de ellos sería capaz de controlar. La percepción imperante entre la clase política en ese momento era que la puesta en libertad de Mandela abriría una nueva fase de negociaciones que culminaría con la abolición del apartheid y el establecimiento de un nuevo orden democrático. Nadie albergaba la menor duda de que, en el mejor de los casos, el proceso sería lento, arduo y delicado. En las altas instancias del gobierno y del ANC cundía la preocupación de que Mandela pudiera desestabilizar todo el proyecto antes incluso de que se pusiera en marcha.

Mi preocupación en aquella época —por lo que sé, ampliamente compartida— era si Mandela estaría a la altura de su propio mito o si acabaría resultando una terrible decepción. Y debo decir que al final de su primer día como hombre libre no estaba seguro de cuál era la respuesta. Verlo fue una cosa; oírlo hablar unas horas más tarde, otra muy distinta. Su primer discurso como hombre libre resultó un fiasco, lo mismo que los acontecimientos posteriores a las primeras imágenes de su salida de la cárcel.

De los cientos de millones de personas que vieron ese momento en directo por televisión, la gran mayoría de ellas prefirió disfrutar de ese breve instante. La campaña «Liberad a Nelson Mandela» había ido creciendo durante toda una década hasta convertirse en un clamor mundial y en la única causa política de la Guerra Fría que no enfrentaba a ambos bandos. Cuando la audiencia mundial lo vio salir como un hombre libre, cabía suponer que los allí presentes responderían tal como exigía el guión: aplaudiendo, sonriendo, derramando lágrimas y brindando por Mandela. Dado el significado histórico de ese día, habrían tenido sobradas razones para hacerlo.

Para aquellos de nosotros que cubríamos de cerca el acontecimiento en el extremo del continente africano que Francis Drake había denominado «el más bello de los cabos», la realidad fue menos gloriosa. Si uno prescindía del mágico primer minuto durante el cual Mandela y su formidable esposa, Winnie, habían cruzado las puertas de la cárcel de la mano, la verdad es que el resto fue un rotundo fracaso. Y también un caos. Mandela tenía previsto acabar el día dando una conferencia de prensa ante una multitud de periodistas llegados de todo el mundo a Ciudad del Cabo, pero hubo que retrasar el programa completo debido a la incapacidad de sus hombres para controlar a sus seguidores y a la del gobierno a la hora de refrenar los brutales impulsos de la policía. La conferencia de prensa hubo de posponerse hasta la mañana siguiente, lo cual no hizo sino reforzar los prejuicios de los observadores menos favorables que llevaban tiempo bromeando con que los miembros del ANC, lejos de estar preparados para negociar con el gobierno, eran unos incapaces.

Para empezar, la liberación de Mandela se produjo dos horas más tarde de lo previsto porque su mujer, Winnie, «la

Madre de la Nación», se había retrasado a la hora de tomar el vuelo de Johanesburgo a Ciudad del Cabo, que estaba a treinta minutos en coche de la cárcel. (Según un ministro del gobierno con quien hablé mucho después, se retrasó en la peluquería.) Segundo, el discurso de Mandela en la Grande Parade, la mayor plaza de Ciudad del Cabo, tuvo lugar no a las tres, como estaba programado, sino cinco horas más tarde, cuando ya había empezado a oscurecer. Entretanto, jóvenes gamberros negros (aparentemente seguidores del ANC) y policías blancos de gatillo fácil habían destrozado la plaza y sembrado dudas acerca de la seguridad de Mandela. Por su parte, a este lo habían metido rápidamente en un coche nada más salir de la cárcel y apartado de las miradas del público. Durante varias horas la prensa no supo nada de su paradero. Al final resultó que su comitiva se había escondido en un callejón apartado de un barrio blanco de Ciudad del Cabo a la espera de que pasara el peligro. Más adelante me enteré de que Mandela bajó la ventanilla de su coche para saludar a una pareja de sorprendidos jóvenes blancos que habían salido a pasear a sus gemelos recién nacidos. Por suerte era un matrimonio liberal que accedió gustoso a la petición de Mandela de que le permitieran abrazar a las criaturas metiéndoles en el coche a través de la ventanilla.

Cuando por fin consiguió llegar a la Grande Parade para su discurso, en la enorme plaza quedaba menos de la mitad de la gente que la había abarrotado al mediodía. La violencia que había tenido lugar en la plaza, el abrasador calor del verano o simplemente la necesidad de atender asuntos domésticos había convencido a la mayoría de seguidores y curiosos dc quc cra mejor que se saltaran aquella cita con la historia y siguieran el devenir de los acontecimientos por televisión.

La verdad es que no se perdieron gran cosa. Con la ayuda de unas gafas de montura metálica que lo hacían parecer más viejo que cuando había salido de la cárcel, Mandela leyó un texto prepararlo. Puede que fuera la creciente oscuridad o el bajo estado de ánimo del público, tal vez simplemente las emociones del día hubieran agotado sus energías; quizá fue lo poco conmovedor de las palabras del discurso que leyó, una vulgar lista de predecibles reclamaciones políticas y de eslóganes trillados; el caso es que no se trató precisamente de un discurso arrebatador. Incluso dio un titular a quienes estaban deseosos de retratarlo como un terrorista no reformado cuando declaró que la «lucha armada» iba a continuar.

Lo cierto era que difícilmente se podía hablar de verdadera lucha armada. El ANC era el movimiento guerrillero más inepto del mundo. Antes de llegar a Sudáfrica, yo había pasado seis años en América Central, donde había sido testigo de las operaciones militares de guerrillas, entre otras las de El Salvador, cuya inferioridad numérica ante unas fuerzas armadas entrenadas por Estados Unidos no les había impedido asaltar guarniciones militares y demostrar una disciplina, un coraje y un arrojo que hacía pensar en los Vietcong. Es posible que el brazo armado del ANC, autobautizado grandilocuentemente como Umkhonto we Sizwe (que significa «La Lanza de la Nación»), tuviera un valor considerable, pero resultaba prácticamente inútil. De tanto en cuanto hacía estallar alguna bomba, pero estaba tan infiltrado por los servicios de información militares y de la policía que a menudo las autoridades del apartheid sabían más de sus frustradas operaciones que los propios líderes del movimiento, todos ellos exiliados.

Mandela también habló de nacionalizar las minas de oro y diamantes que constituyen la principal fuente de riqueza de Sudáfrica. Sus palabras provocaron un escalofrío entre la clase empresarial blanca, que siempre había temido que fuera un comunista oculto. Cualquier analista político sabía que, tras la reciente caída del Muro de Berlín y el colapso del comunismo en general, cualquier sugerencia de poner en marcha ese tipo de política económica no era más que una simple estupidez carente de otro propósito más allá de mantener vivo el fuego de la rebelión entre los fieles del ANC.

Un poco de brío a lo Martin Luther King hubiera animado un poco la situación, pero enseguida se hizo tristemente patente que la oratoria no era el fuerte de Mandela, al menos si sus discursos los habían escrito otros. Habló en un tono monótono sin llegar a tocar ninguna fibra sensible. Nada de conmovedoras reiteraciones, nada de pausas enfáticas, apenas una gesticulación. Tal como me dijo el arzobispo Desmond Tutu, que era un brillante orador y que con el tiempo se convertiría en íntimo de Mandela, «no diría que este fuera uno de esos hombres que enardecen a las masas con su palabra».

Aun así es de justicia decir que la noche de su liberación, Mandela dejó una pequeña perla retórica: «Aquí estoy ante vosotros —declaró—, no como profeta, sino como un humilde servidor de todos vosotros, el pueblo». Desgraciadamente, el impacto de sus palabras quedó diluido por la monotonía con que fueron dichas. El último discurso que había pronunciado había sido en 1964, durante un juicio en el que se enfrentaba a una posible condena a muerte. Sus palabras finales aparecieron en multitud de antologías. Dijo: «He luchado contra la dominación blanca y la dominación negra, he acariciado el ideal de una sociedad democrática y libre donde todos los hombres convivan en armonía e igualdad de oportunidades. Se trata de un ideal por el que espero vivir y que aspiro ver hecho realidad. Pero si las circunstancias me lo exigen, también es un ideal por el que estoy dispuesto a morir».

Lo mejor que Mandela hizo en ese momento, en el histórico día de su liberación, fue finalizar su discurso citando esas mismas palabras de años atrás. Sin duda eran magníficas, pero no dejaba de ser una sorpresa que no hubiera sido capaz de idear algo más grandilocuente o más apropiado para la ocasión. Mi primer y deprimente pensamiento fue que sus mejores días habían quedado ya atrás; el segundo, que seguramente aquel discurso se lo había escrito algún burócrata del ANC con instrucciones precisas para que amortiguara el brillo de su mesías.

Intencionadamente o no, el discurso constituyó una decepción para todo el mundo, excepto para los líderes del ANC. Incluso lo fue para el gobierno blanco de Pretoria. Para mí y otros muchos periodistas que estuvimos allí, el contraste entre las esperanzas que Mandela había despertado y la decepcionante realidad de sus primeras palabras resultó abrumador. Sin embargo, los líderes de la revolución se daban por satisfechos. Llevaban meses inquietos por la posibilidad de que Mandela, que había entablado negociaciones a espaldas de la ANC con el gobierno durante su estancia en la cárcel, pudiera tener sus propios planes o, lo que era incluso peor, que le empezara a fallar la cabeza. Muchos recelaban de él. ¿Se había convertido acaso en un peón del gobierno? ¿Y si los responsables del apartheid lo estaban utilizando para dividir al ANC? ¿Se había equivocado el ANC al realzar su personalidad hasta el punto de convertirlo en la encarnación de la lucha por la libertad en la mente de todo negro sudafricano? Y lo que podía ser un escenario de pesadilla que algunos contemplaban: ¿y si había sido manipulado astutamente para convertirlo en el caballo de Troya del apartheid? El ANC sabía que el poder de la palabra de Mandela era tal que, dijera lo que dijera tras su liberación, diera las órdenes que diera, la gente lo seguiría. Aquel discurso, aquel texto, era una demostración de fuerza del movimiento de liberación que buscaba la manera de refrenar y controlar al viejo.

El alivio que sintió el gobierno fue aun mayor si cabe. El Partido Nacional (NP), en el poder, temía que habiendo liberado a Mandela, lejos de haberle tendido una trampa, podía haber caído en un engaño y que las dulces palabras de reconciliación que habían oído de él durante los tres años de negociaciones secretas que habían mantenido solo fueran eso: simples palabras. Temían lo que el jefe de los servicios de inteligencia sudafricanos, Niel Barnard, me describiría más tarde como «el factor ayatolá»; es decir, que al igual que hizo el ayatolá Jomeini cuando regresó a Irán, Mandela exhortara a sus seguidores a derruir el antiguo orden y a echar a los blancos al mar, según la frase en boga en aquella época entre los militantes negros más exaltados. Ese no había sido de ningún modo el mensaje de aquel primer discurso, de modo que Barnard y los miembros del gobierno que como él habían apoyado la liberación de Mandela —igual que los líderes del ANC— se fueron a dormir esa noche mucho más tranquilos que la anterior.

Yo no. Como tantos otros, acabé aquel histórico día lleno de dudas y preguntándome si Mandela estaría a la altura de lo que el mundo esperaba de él. Lo más probable era que acabara demostrando ser una persona decente, pero a sus setenta y un años ¿no estaría lamentablemente desfasado? Muchas cosas habían cambiado en el terreno político a lo largo de su encarcelamiento, tanto dentro de Sudáfrica como en el extranjero. Durante su ausencia había aparecido una nueva generación de jóvenes activistas negros forjada en las luchas callejeras contra una policía mucho más violenta que la conocida por Mandela. La caída del Muro de Berlín había alterado el panorama ideológico sobre el que se habían desarrollado las antiguas luchas políticas. La televisión todavía no había llegado a Sudáfrica cuando él entró en la cárcel. En pocas palabras, parecía muy probable que fuera demasiado viejo, que estuviera demasiado alejado de las realidades del mundo contemporáneo para poder dejar su huella en la política de su país. Al día siguiente de su liberación, sus cualidades de liderazgo iban a tener que someterse al examen de algunos de los periodistas más expertos y avezados durante una conferencia de prensa en la que lo interrogarían sobre su política y sus planes. ¿Acabaría todo en un fiasco?

Todo eso me preocupaba porque lo cierto es que en mi primer año en Sudáfrica yo no era más objetivo como periodista de lo que lo habría sido de haber estado haciendo el mismo trabajo en el Berlín de 1936. Los negros de Sudáfrica habían celebrado la puesta en libertad de Mandela como si hubiera llegado el día de su propia liberación, o al menos como si este se hallara a la vuelta de la esquina. Y yo deseaba creer que tenían razón. Por otra parte, a la minoría blanca del país le preocupaba que, en el mejor de los supuestos, aquello pudiera representar el fin del gigantesco y espantoso sistema de opresión creado por el apartheid en su propio beneficio; y en el peor, que pudiera hacerse realidad la pesadilla de ver como una multitud de negros vengativos arrasaba sus hogares.

Sin embargo, los acontecimientos del día anterior daban a entender que tanto las esperanzas de los negros como los temores de los blancos eran infundados. En la batalla política que se abría entre Mandela y De Klerk, y entre el ANC de Mandela y el Partido Nacional de De Klerk, inventor y ejecutor del apartheid, todo parecía indicar que los malos de la película darían mil vueltas a los buenos. Tras haber sido ilegalizado en 1960, lo cierto es que el ANC era una entidad casi tan desconocida entre la población sudafricana como el propio Mandela. Desde entonces había operado en la clandestinidad, con sus dirigentes en el exilio, hasta que el gobierno de De Klerk los había legalizado apenas nueve días antes de poner en libertad a Mandela.

La conferencia de prensa fue reprogramada para las siete de la mañana del lunes 12 de febrero, el día siguiente a su liberación. El lugar donde se iba a desarrollar eran los impecables jardines de la residencia oficial de Desmond Tutu, que, además de ser el arzobispo anglicano de Sudáfrica, había ganado el Nobel de la Paz en 1984 por su valiente y abierta oposición al apartheid. La mansión de Tutu, una gran casa de color blanco y tejados a dos aguas al estilo colonial holandés, se alzaba al pie de Table Mountain, la imponente masa rocosa que domina Ciudad del Cabo y cuya sombra Mandela había contemplado desde el otro lado del mar durante los dieciocho años pasados en Robben Island. El sol brillaba, pero el aire era fresco y el rocío perlaba las flores cuando Nelson y Winnie Mandela salieron de la casa e hicieron su aparición en el jardín, donde les esperaba una fila de sillas y una gran mesa abarrotada de micrófonos. Unos doscientos periodistas llegados de todo el mundo estiraron el cuello para estudiar hasta el mínimo gesto de la pareja y seguir todos sus pasos. La imagen que ha perdurado en mi mente es la de un rey y una reina haciendo su última aparición en una representación casera de una obra de Shakespeare para dar su serena bendición a una curativa ceremonia de matrimonio. Sin embargo, el temor de que Mandela no fuera más que un anciano trasnochado volvió cuando tocó uno de los micrófonos y se le oyó preguntar: «¿Qué es esto?».

Winnie se sentó a su derecha. Había apoyado estoicamente la causa de su marido durante los últimos años de encarcelamiento, a veces seguramente con más presencia de la que este habría deseado, con violento fervor. Sin embargo, para sorpresa de quienes la conocíamos, interpretó el papel de esposa sumisa y en todo momento resistió cualquier tentación que hubiera podido tener de acaparar la atención y lanzar sus propias opiniones. A la izquierda de Mandela y también en silencio estaba Walter Sisulu, su mejor amigo y su aliado político más fiel, el hombre que cincuenta años antes lo había reclutado para la causa de la liberación negra y que había pasado la mitad de ese tiempo en la cárcel con él, encerrado en una celda cercana a la suya. Ambos estaban allí para brindarle apoyo moral. Como no tardaría en verse, fue un apoyo que no necesitó.

En sentido amplio, su misión aquel día era llegar a toda Sudáfrica y al mundo, pero su tarea inmediata consistía en ganarse a la audiencia que tenía ante sí. Tal como no tardamos en descubrir, resultó que no había estado tan desconectado de los acontecimientos políticos como algunos de nosotros habíamos imaginado. Descubrimos que durante sus últimos años en la cárcel, cuando según supimos le levantaron las restricciones de acceso a la prensa, había sido un ávido consumidor de noticias y de hecho, al igual que cualquier político del momento, había adquirido un profundo conocimiento de lo importante que resultaba tener a su favor a los representantes de los medios de comunicación. Comenzó con nosotros igual que lo haría conmigo unos años después, en la entrevista que me concedió en los Edificios de la Unión, halagando nuestra autoestima, a menudo frágil. Su respuesta a la primera pregunta acerca de cómo se sentía aquella primera mañana como hombre libre fue exquisitamente calculada. En aquel momento no se me ocurrió considerar si estaba fingiendo o siendo sincero, simplemente me sentí fascinado y estoy seguro de que la mayoría de mis colegas también.

«Ante todo —dijo—, creo que lo apropiado es que nos disculpemos por no haber podido celebrar esta rueda de prensa ayer. Lamentamos no haber cumplido con nuestro compromiso.» La expresión un poco pasada de moda como es «lo apropiado» —que le oiría una y otra vez en el futuro— y la frase innecesariamente solemne que la acompañaba, «no haber cumplido con nuestro compromiso», dieron un toque de distinción a la disculpa y denotaron una atractiva sensación de ingenuidad que a nuestros cautivados oídos sonó como de lo más sincera.

Estoy absolutamente emocionado por haber salido y también por tener la oportunidad de dirigirme a ustedes porque durante todos los difíciles años en la cárcel la prensa, tanto local como extranjera, ha sido fundamental para nosotros. Creo que la intención original del gobierno era que se nos olvidara; sin embargo fue la prensa quien mantuvo vivo el recuerdo de los que fueron encarcelados por delitos cometidos durante su actividad política, fue la prensa la que nunca se olvidó de nosotros y por ello estamos en deuda con ustedes. Me alegro de estar aquí, en su compañía, esta mañana.

La rueda de prensa duró cuarenta minutos y fue un ejercicio de seducción de principio a fin. En aquellos momentos no teníamos ni idea de la habilidad con la que habíamos sido manipulados. Los que queríamos hacer preguntas teníamos que identificarnos dando nuestro nombre y el del medio que representábamos. Mandela se mostró especialmente atento con la media docena de periodistas sudafricanos que pertenecían, según la definición del dogma del ANC, al bando enemigo. A uno que había acudido en nombre de la principal rama de propaganda y desinformación del régimen, la South African Broadcasting Corporation (SABC), lo saludó con un «¡Ah, hola! ¿Cómo está?»; a otro, de un periódico que representaba a los empresarios blancos, le dijo «¡Hola! ¡Me alegro de verlo!»; a un columnista político que escribía para un diario afrikáans le dio la bienvenida con un «Es estupendo verlo»; y a otro periodista afrikáans cuyo nombre recordaba de haberlo leído en los diarios le dijo «¡Ah, sí! ¡Pero pensaba que usted era más alto y corpulento!».

Por nuestra parte, esperábamos encontrarlo más frágil, pero parecía tan saludable de cuerpo como vivaz de mente. Unas semanas más tarde vería confirmada esa impresión cuando, para mi sorpresa y placer, su médico personal accedió a verme y me confesó en lo que pudo ser una pequeña violación del juramento hipocrático que la cárcel prácticamente no había perjudicado la salud de Mandela. De hecho, el aire fresco, la dieta regular, la rutina desprovista de estrés e incluso el régimen de trabajos forzados le habían sentado estupendamente. El médico, un afrikáner, me confesó que Mandela había salido de la cárcel a los setenta y un años, pero con la forma física de un hombre de sano de cincuenta.

La cuestión era si se hallaba en condiciones para entablar la aplazada batalla política que tenía por delante con el gobierno de la minoría blanca. ¿Tenía la inteligencia necesaria para idear el derribo pacífico del régimen del apartheid?

Mandela respondió a esas cuestiones con rapidez, y descubrimos que detrás de las bromas y las chanzas con los periodistas también había una considerable sustancia. Su objetivo a grandes trazos era llegar a través de la prensa hasta la compleja y dividida sociedad sudafricana y dar así los primeros pasos hacia su objetivo, en aquel momento aparentemente inalcanzable, de superar las diferencias raciales, políticas e históricas y lograr ganarse la confianza de todos sus compatriotas. Igualmente importante era poder asegurar su frente interno y apaciguar las dudas en el seno del ANC.

Para ello habló en primera persona del plural e insistió en ello desde el principio. «Somos miembros leales y disciplinados de la organización», declaró, y lo demostró proclamando su adhesión a artículos del fe del ANC como eran el mantenimiento de las sanciones internacionales contra el régimen. Cuando le preguntaron por qué insistía en la alternativa de la lucha armada cuando ya era un ciudadano libre, alegró los corazones de los miembros del ANC al responder juiciosamente: «Me he comprometido con la promoción de la paz en este país... La lucha armada es puramente defensiva, un acto defensivo frente a la violencia del apartheid.»

La cuestión había sido expuesta sucintamente, como correspondía a un hombre que había sido abogado antes de poner sus miras en la revolución, pero de un modo tan sugestivo que nunca he oído en ningún otro apologeta de la guerrilla. El problema era que el concepto de «lucha armada» producía escalofríos a la minoría blanca. Plenamente consciente de que su misión más difícil y decisiva al regresar a la vida política era convencer al gobierno de que traspasara el poder sin violencia, había llegado a la conclusión tras largas reflexiones en la cárcel de que se había equivocado al creer que el apartheid podía ser derribado por la fuerza de las armas. El camino pasaba por persuadir a la población blanca de que no era un terrorista entregado a la venganza, sino un líder en quien podían confiar.

Esta fue su respuesta cuando le pregunté si veía alguna acomodación posible entre las posiciones del ANC y el gobierno, teniendo en cuenta el conocido deseo de De Klerk de alcanzar un nuevo orden político donde los blancos tuvieran de alguna manera una voz predominante en los asuntos de Estado: «El ANC está muy interesado en abordar la cuestión del temor de los blancos —respondió—: Está la exigencia del principio de un hombre, un voto, y es evidente que les inquieta que su aplicación pueda resultar en un dominio de los negros sobre los blancos. Nosotros comprendemos esa inquietud y el ANC está interesado en abordar este problema para encontrar una solución que resulte adecuada por igual a los blancos y a los negros de este país».

Pocos blancos habrían aceptado sin más las buenas intenciones de Mandela, pero al menos entre algunos sembró la conveniente semilla de la duda. El hombre que estaba sentado allí y hablaba con tanta sobriedad como entusiasmo no se parecía en nada al temible vengador negro que pintaba la maquinaria propagandística del apartheid. De hecho tampoco se parecía al furibundo luchador por la libertad que habían detenido y encarcelado en agosto de 1962, ni al rebelde que había fundado Umkhonto we Sizwe y que, como comandante en jefe, se había inspirado, desde la barba hasta la chaqueta de camuflaje, en los héroes revolucionarios del momento: Fidel Castro y el Che Guevara. La cárcel le había recordado que para triunfar en política es necesario un fino sentido de lo que es posible y de lo que no. La prisión había templado su ardor pero agudizado su visión. No tardó en comprender que «tomar el poder a lo Castro», tal como afirmaba un lema del ANC de la época, no pasaba de ser un sueño o, en el mejor de los casos, produciría una larga guerra de guerrilla y desgaste que daría como resultado lo que más adelante definió como «la paz de los cementerios». Dada la fuerza de la policía y el ejército sudafricanos, una insurrección militar al estilo cubano no resultaba factible. La transferencia del poder, cuando llegara, se realizaría mediante negociaciones. Mandela opinaba que la lucha armada era útil e incluso necesaria no solamente como herramienta negociadora, sino también como medio para imbuir en la población negra, desmoralizada por su arresto, la dignidad que produce el sentimiento de estar luchando. Pero no más. Un poco antes de la liberación de Mandela, uno de los líderes más perspicaces del ANC había reconocido en un lapso de franqueza que sería mejor llamar «propaganda armada» a la lucha armada.

Cuando llegara el momento —y con Mandela por fin libre no tardaría en llegar— el abandono de la lucha armada sería un hueso estupendo para arrojárselo al presidente De Klerk. En su primera conferencia de prensa, Mandela dejó patente que sabía perfectamente que una negociación era una calle de doble sentido. Por un lado, uno intentaba sacar todo lo posible a su rival político; por otro, ambas partes acababan formando una especie de alianza, unidos por el objetivo común de alcanzar lo que no podía ser sino un compromiso. Con esa idea, Mandela sorprendió a los que estábamos presentes en la rueda de prensa y al mundo en general al describir a De Klerk —que toda su vida había sido partidario del apartheid, llevaba en el Parlamento desde 1969 y había ocupado varias carteras ministeriales durante once años antes de ascender en 1989 a la presidencia del país— como «un hombre íntegro». Tampoco se mordió la lengua a la hora de manifestar que entendía necesario que el ANC hiciera algún tipo de gesto que ayudara a De Klerk a «arrastrar con él al Partido Nacional» durante el período de transición. En otras palabras, preveía el proceso político que estaba a punto de iniciarse y comprendía que De Klerk iba a tener que luchar para convencer a la minoría blanca de que había llegado el momento de hacer concesiones. El presidente iba a necesitar la ayuda de Mandela y este, si lo creía merecedor de ella, estaba dispuesto a brindársela.

En realidad ya lo estaba ayudando y, al mismo tiempo, servía a sus intereses a largo plazo al afirmar repetidamente ante la prensa su sensibilidad ante las inquietudes de los blancos. Sus palabras no dejaron entrever en ningún momento la idea de que los negros pudieran hacer a los blancos lo que estos les habían hecho a ellos. «Los blancos son nuestros compañeros sudafricanos —dijo—, y queremos que se sientan seguros, que sepan que valoramos su contribución al desarrollo de este país.» Se trataba de una declaración sorprendentemente generosa tratándose de una gente que, desde la llegada al continente en 1652 de los primeros colonos holandeses, no había dejado de tratar a la población indígena en el mejor de los casos como ciudadanos de segunda clase y, en el peor, como simples esclavos. Sin embargo tras sus palabras había algo más que de una simple expresión de amabilidad humana. Mandela se nos revelaba como alguien frío y pragmático, como un fino jugador de ajedrez que iba varias jugadas por delante de su adversario.

La conferencia de prensa le daba la oportunidad de airear un resentimiento que otros, en su lugar, sin duda habrían aprovechado. ¿Acaso no albergaba amargura alguna por haber pasado veintisiete años de su vida encerrado? En respuesta a esa pregunta ofreció un atisbo de los sufrimientos que había padecido, pero a la postre fue el animal político quien prevaleció. En cuanto a Winnie Mandela, teniendo en cuenta que el Estado apenas había mostrado clemencia hacia ella y sus dos hijas, no tuvimos forma de saber si albergaba otro tipo de sentimientos porque permaneció sentada con cara de póquer mientras su marido contestaba las preguntas.

A lo largo de estos veintisiete años he perdido muchas cosas. Mi mujer se ha visto sometida a todo tipo de presiones, y para un hombre no resulta agradable ver cómo su familia tiene que vivir sin ningún tipo de seguridad, sin dignidad y sin tener con ella al cabeza de familia. Sin embargo, a pesar de lo mal que lo pasamos en la cárcel, también tuvimos la oportunidad de pensar en los problemas, y ese aspecto resultó muy gratificante. Uno también aprende a adaptarse a las circunstancias. En la cárcel hemos conocido a buenas personas, en el sentido de que comprendían nuestro punto de vista y hacían todo lo que estaba en su mano por intentar hacernos felices en la medida de lo posible. Eso es algo que borra cualquier amargura que uno pueda albergar.

La cárcel le había enseñado a adoptar un punto de vista amplio y a cultivar su autocontrol. Mandela restó importancia a las presiones que su mujer e hijas habían tenido que soportar porque se trataba de una cuestión que podía perjudicar el tono optimista que intentaba trasladar en su regreso a la vida pública. En cualquier caso no había sido nada agradable desde luego, ni para su familia ni para él, que en la cárcel se hubiera visto impotente para acudir en ayuda de los suyos. Los hombres a los que eligió para darles las gracias fueron sus carceleros, unos afrikáners políticamente toscos y racistas convencidos cuando los conoció, pero que se fueron ablandando bajo su hechizo y con los cuales, como yo llegaría a descubrir, llegó a forjar en algunos casos una relación asombrosamente estrecha. En cuanto a la ausencia de amargura, el rasgo que más subrayaron los corresponsales extranjeros, resultaba evidente que era consecuencia del placer que le producía su liberación, al menos en parte. No obstante, el precio que su familia había pagado —que incluía el constante acoso de la policía y breves estancias en la cárcel para su mujer— había sido muy alto, y lo cierto era que las consecuencias de su ausencia como padre y esposo siempre lo perseguirían.

Declarar que había borrado todo rencor no fue tanto el impulso de un santo como el más claro ejemplo de su habilidad para enterrar sus sentimientos por el bien de sus objetivos políticos. En cualquier caso era la mejor manera de hacer llegar a la minoría blanca el mensaje de que no tenía motivos para preocuparse porque la venganza no figuraba entre sus planes.

También era un mensaje dirigido a sus seguidores. Durante el año que yo llevaba viviendo en Sudáfrica, los activistas con los que me había cruzado me habían parecido en la mayoría de los casos jóvenes e impulsivos, presa fácil del discurso revolucionario y deslumbrados por las fantasías de una insurrección armada. La actuación de Mandela en la conferencia de prensa fue una declaración dirigida a ellos y al país para comunicarles que un maduro patriarca se había hecho cargo de la situación. Sus seguidores tenían que saber que la hora de la acción violenta y el lenguaje peligroso había quedado atrás. Quedaba la pregunta de cómo se mediría con los líderes blancos de Sudáfrica. Mandela tenía un oponente formidable en la persona del experimentado y culto presidente De Klerk, que, aunque solo había sido elegido por una décima parte de la población, había logrado acaparar los titulares durante los últimos meses y conseguido una gran aceptación global de su régimen poniendo en marcha iniciativas políticas que habían ampliado el terreno de juego como nunca antes se había visto.

De Klerk, a quien yo había estudiado de cerca durante casi un año, era el más hábil relaciones públicas que los distintos gobiernos del apartheid habían conocido y también el más reformista. Sin embargo, lo que me decía la evidencia que tenía ante los ojos era que si De Klerk, también abogado de formación, encarnaba a un abogado de segunda, mientras que Mandela sobresalía en los tribunales. Si De Klerk era inteligente y educado, Mandela era sabio y magistral. Si De Klerk sabía sonreír ante las cámaras, Mandela tenía una sonrisa que le salía de dentro, un encanto natural y una presencia irresistible. Si De Klerk era una especie de héroe por accidente, Mandela representaba la figura del destino. En otras palabras, De Klerk era una estrella, pero pertenecía a una constelación menor.

A diferencia del presidente de Sudáfrica, que era un político experimentado y moderno, Mandela nunca había concedido una rueda de prensa —únicamente en una ocasión se había puesto ante una cámara y había sido en una entrevista clandestina realizada poco antes de ser encarcelado—, pero de repente se veía ante treinta cámaras y doscientos reporteros. Aun así, su aplomo era absoluto y estaba sentado frente a nosotros como si fuéramos viejos amigos. Si bien era cierto que ante un auditorio multitudinario y leyendo un discurso escrito por otro había parecido un maestro severo y distante, no lo era menos que su talento para la comunicación funcionaba en las distancias cortas, y sorprendentemente así era como estaba transcurriendo aquella rueda de prensa que se celebraba apenas veinticuatro horas después de su puesta en libertad. Respondió a todas las preguntas con educada cortesía y calculada claridad, pero también con la prudente cautela de los políticos expertos, y todo ello sin dar muestras de ser cicatero con la verdad.

Mandela había plantado el puño en la mesa con tanta delicadeza que apenas nos habíamos percatado de ello. De una manera que yo no había creído posible tras haber oído su discurso de la víspera, logró dejar claro que a partir de ese momento sería él quien ocuparía el centro de la escena política del país. Tal como me lo expuso posteriormente su exultante anfitrión, Desmond Tutu:

El miedo era, por así decirlo, apareciera como un gigante con pies de barro, pero ¡qué maravilla, qué alegría que haya resultado ser todo lo que imaginábamos e incluso más! Y que su mensaje haya sido «intentemos el camino de la reconciliación»; los locos podrían haber respondido: «¿Y eso lo dices tú? Tú hablas a la ligera de perdonar, pero ¿qué sabes tú de nuestro sufrimiento?». Sin embargo resulta que él ha sufrido mucho más que ellos y que tiene la credibilidad de sus veintisiete años de cárcel a sus espaldas, y eso los ha hecho callar. Realmente era quien llevaba las riendas.

Si durante sus últimos años en la cárcel, Mandela había llevado las riendas mucho más de lo que nadie imaginaba, a partir de ese momento iba a hacerlo abiertamente, en el mundo visible. Tras despejar cualquier duda, su primera conferencia de prensa como hombre libre constituyó toda una proeza, una lección magistral de persuasión política. Era Mandela haciendo de sí mismo y no leyendo un guión preestablecido. Era Mandela en su más pura esencia, y el ANC salió ganando con su liberación mucho más de lo que cualquiera de los escépticos que militaban en sus filas se habría atrevido a imaginar. No era un fanático. Ni siquiera era un romántico. Era una persona pragmática y dura que despertaba admiración incluso entre los descreídos más recalcitrantes.

Cuando la rueda de prensa finalizó, ocurrió algo que yo no había visto antes ni he vuelto a ver en mis treinta años cubriendo actos de políticos: como si nos hubiera hipnotizado para hacernos olvidar que éramos periodistas haciendo nuestro trabajo, burlándose de nuestras pretensiones de objetividad, nos arrancó una larga ovación que salía de lo más profundo de nuestros corazones.

3

Nelson y Cleopatra

Dos semanas antes de la liberación de Mandela, fui a ver a su mujer, Winnie, en la casa que tenía en Soweto. El presidente De Klerk todavía no había hecho el anuncio oficial, pero todos sabíamos que no tardaría en salir. Winnie vivía en Diepkloof Extension, el barrio pijo del más famoso de los guetos, situado en las afueras de Johanesburgo, la principal ciudad de Sudáfrica. La zona se conocía como Beverly Hills entre los habitantes de Soweto, muchos de cuyos dos millones de habitantes vivían en casas parecidas a la que Winnie y su marido habían compartido con sus dos hijas pequeñas y su madre enferma antes de que Mandela acabara en la cárcel: unos cubos de ladrillo rojo con dos dormitorios construidos pegados unos a otros en apretadas filas que se extendían hasta donde alcanzaba la vista. Así era el gueto diseñado por los eficientes arquitectos municipales del apartheid y recreado en todas las zonas urbanas habitadas por negros sudafricanos. Diepkloof Extension, en cambio, constituía una iniciativa privada donde residían los escasos negros que habían conseguido ganar algo de dinero. El hogar de Winnie, financiado por benefactores extranjeros, era una casa de dos plantas y tres dormitorios, con jardín y una pequeña piscina. Para los estándares negros representaba el colmo del derroche, pero en aquellos días más o menos satisfacía las aspiraciones de cualquier sudafricano blanco de clase media.

Zindzi, la esbelta y atractiva hija menor de Winnie, tenía veintinueve años, pero con su pantalón de peto vaquero y su camiseta amarilla parecía más joven. Lo normal era que cada vez que yo iba a de visita al hogar de algún negro, ya fuera en Soweto o en otro lugar, el primer encuentro resultara un tanto incómodo. Invariablemente me invitaban a entrar y a sentarme y me ofrecían una taza de té, pero siempre les costaba un poco acostumbrarse al hecho de tener a un blanco bajo su techo en un país donde el 98 por ciento de la población blanca jamás había puesto el pie en un gueto.

Con Zindzi no se produjo nada de eso. Eran las nueve y media de la mañana, y estaba en la cocina friendo unos huevos. Me invitó a entrar y empezó a hablar conmigo como si fuéramos viejos amigos. «Mamá», me dijo, estaba todavía arriba y seguramente lo estaría un rato más. Lo cierto era que yo no había concertado ninguna entrevista con Winnie: simplemente me había dejado caer por allí por si tenía suerte. Creo que Zindzi lo sabía, pero le daba igual. Era lo bastante inteligente para saber que aquel era un buen momento para que un periodista consiguiera una entrevista con su madre y no veía nada malo en que yo lo intentara. Mientras daba vueltas por la casa y esperaba (y resultó que iba a tener que esperar y esperar) entraron unos amigos de Zindzi para tomar café y charlar. Una arrugada sirvienta vestida con una bata azul que iba de un lado a otro, quitando el polvo y lavando los platos, completaba la escena de una típica familia sudafricana de clase media.

Por fin Winnie hizo su entrada. Más alta de lo que yo esperaba y con aires de gran señora, no mostró sorpresa ni irritación al verme en su casa. Cuando le dije que deseaba entrevistarla contestó con un suspiro, añadió la media sonrisa de quien sabe de qué va el asunto (los periodistas la habían perseguido toda la vida) y echó un vistazo al reloj. Le dije que solo necesitaba media hora de su tiempo. Ella lo pensó un momento, se encogió de hombros y contestó: «De acuerdo, pero va a tener que concederme un rato». Todavía tenía que dar los últimos toques a su maquillaje matutino.

El cuadro que componían la madre, la hija, los amigos y la señora de la limpieza era el de una vida doméstica tan tranquila y apacible que, de no haber estado debidamente informado, nunca habría imaginado la profundidad de los traumas que acechaban bajo la superficie. Durante los años setenta y ochenta, Winnie había sido víctima de una constante persecución por parte de los agentes del apartheid. Había sufrido la angustia de oír gritar a sus hijas pequeñas cuando la policía irrumpió en su casa y se la llevó a rastras a la cárcel; había pasado más de un año aislada en una celda, confiando en que sus amigos se ocuparían de sus confundidas y asustadas hijas; había sido desterrada y puesta bajo arresto domiciliario en un gueto olvidado del Estado Libre de Orange, lejos de su casa de Soweto.

Sin embargo, no solamente había regresado, sino que su situación había mejorado notablemente ante la inminente liberación de Mandela. Las autoridades ya no veían beneficio alguno en contrariar al hombre con quien habían decidido entablar negociaciones políticas, y eso significaba dejar en paz a Winnie para que tomara su papel de esposa.

Una hora después de su primera aparición, regresó majestuosamente, como una Cleopatra vestida con una túnica africana de satén. No obstante, Cleopatra todavía necesitaba su café matinal, de modo que me indicó que la esperara en su estudio y desapareció en la cocina. Regresó cinco minutos después pero habiéndome dado tiempo de sobras para estudiar el entorno. En una pared colgaba un póster con el lema «Liberad a Nelson Mandela», regalo del movimiento anti-apartheid del 13 de Mandela Street de Londres. Junto a él había otro póster con los colores verde, amarillo y negro del ANC, que por aquel entonces seguía siendo una organización ilegal. En una estantería vi una serie de fotos de familia enmarcadas, una felicitación de Navidad y otra de cumpleaños. Solo había pasado un mes desde la Navidad, pero casi seis meses desde que Winnie había cumplido cincuenta y cinco años. No pude resistir la tentación de echarle un vistazo. Abrí la enorme felicitación navideña, que tenía el tamaño de un periódico, y por los documentos que había visto reconocí en el acto la fina letra de Mandela. «Amada mía, te quiero. Madiba», decía. Madiba era el nombre tribal, afectuoso y venerable al mismo tiempo, que reservaba para sus allegados más íntimos. En la de aniversario había escrito las mismas palabras bajo la frase comercial del fabricante que decía «¡Qué diferencia para mi vida es tenerte!».

De no haber sabido la verdad habría supuesto que aquellas felicitaciones las había enviado un adolescente enamora-
do. Una vez nos hubimos sentado y empezado la entrevista,
Winnie adoptó precisamente el papel de trémula novia para
convencerme de lo nerviosa y emocionada que estaba ante la
perspectiva de poder reavivar el gran amor de su vida. También me mostró su otra cara, la de una disciplinada luchadora
por la libertad, la mujer que en ausencia de su marido se
había convertido en el símbolo más destacado de la resistencia negra en Sudáfrica. Había tenido el coraje de estar en las
barricadas y enfrentarse cara a cara con la policía antidistur-
bios, pero también era inteligente políticamente. Me dijo
que la liberación de Mandela iba a suponer «una nueva pá-
gina en la historia de Sudáfrica», pero que la dirección que
iba a tomar el país era harina de otro costal. «Todos equipara-
mos su puesta en libertad con el sueño que hemos acariciado
a lo largo de estos años, y eso puede ser peligroso; me refiero
a dar por hecho que con su liberación se van a resolver todos
los problemas del momento —me dijo—. El gobierno tiene
que recorrer un largo camino antes de poder aceptar la realidad de la situación en Sudáfrica.»

Sus palabras fueron proféticas. Tendrían que transcurrir
cuatro años y medio de negociaciones entre el gobierno y el
ANC, sometidas a las continuas amenazas de la extrema derecha antes de que la minoría blanca empezara a hacer las
paces y aceptara el principio de la norma de la mayoría.

Esa mañana Winnie me produjo una profunda impresión. Hasta ese momento solo la había visto de lejos, en una
ocasión enfrentándose a un policía blanco y su perro alsacia-

no sin bozal en medio de una violenta manifestación. Vista de cerca tenía, al igual que su marido, el carisma de la gente profundamente segura de sí, y también una coquetería muy sensual y femenina. Costaba poco imaginar hasta qué punto aquella joven, que Mandela había conocido una lluviosa tarde de 1957, lo había golpeado con la potencia de un rayo, como confesaría posteriormente. En sentido figurado, claro, porque yo recordaba haber leído que en una ocasión, durante los años que tuvo que soportar el acoso de la policía, un agente blanco había entrado en su dormitorio mientras ella se estaba vistiendo y, presa de un ataque de furia, lo derribó al suelo y le rompió el cuello.

En lo que a Mandela se refiere, no le rompió el cuello, pero sí acabó por partirle el corazón. El Mandela que la gente veía llevaba una máscara tras la que ocultaba sus sentimientos más íntimos y que le permitía presentarse como un héroe intrépido, inmune a las debilidades humanas. Creía que su capacidad como líder dependía de evitar que esa máscara pública se resquebrajara, y fue precisamente ella la que puso a prueba su resistencia. Durante los años que seguí sus pasos, la máscara se agrietó —y dejó entrever su tristeza y su desdicha interior— solo en dos ocasiones. Y Winnie fue la causa de ambas.

La primera tuvo lugar en mayo de 1991. El Tribunal Supremo de Johanesburgo acababa de condenarla por agresión e intento de secuestro. La víctima había sido un muchacho negro de catorce años llamado Stompie Moeketsi, a quien el chófer de Winnie había acabado asesinando. Esta había sido empujada a creer —falsamente, según se demostró— que el chico trabajaba como espía del apartheid. Winnie y Mandela salieron juntos del edificio del tribunal. Una vez en la escalinata, ella bajó sonriente hasta la calle, contoneándose y con el puño en alto en gesto victorioso, para aceptar las felicitaciones de un grupo de incondicionales. No estaba claro qué celebraba, si no era el hecho sorprendente de que no había sido llevada directamente a la cárcel y que disfrutaba de la libertad condicional mientras se resolvía la apelación. Fuera como fuese, Mandela interpretaba la situación en un sentido muy diferente. Tenía el rostro ceniciento y la mirada gacha. Incapaz de pasar por alto la enormidad del delito cometido por su esposa, no podía ocultar sus sentimientos. El veredicto del juez había supuesto una ducha fría para su afabilidad habitual.

La segunda y última vez que Mandela se plantó ante nosotros, desprovisto de cualquier fingimiento y luchando visiblemente para no derrumbarse, ocurrió casi un año después de la condena de Winnie. La ocasión fue una rueda de prensa apresuradamente convocada en Shell House, la desvaída sede del ANC en el centro de Johanesburgo. Mandela entró en aquella sala abarrotada y mal ventilada con el rostro petrificado en la expresión más doliente que le he visto nunca, mientras las cámaras disparaban frenéticamente a fin de plasmar ese instante para la posteridad.

No hubo bromas esa vez, nada de alegres saludos o disculpas por hacernos trabajar hasta tan tarde. Se sentó a la mesa frente a nosotros, acompañado por Walter Sisulu y Oliver Tambo, sus amigos más viejos y más íntimos, que estaban tan serios como los portadores de un féretro. A continuación leyó lo que llevaba escrito en un papel y empezó rindiendo homenaje a su esposa:

Durante las dos décadas que pasé en Robben Island, Winnie fue mi pilar indispensable de apoyo y consuelo. Soportó con estoicismo ejemplar la persecución que el gobierno puso en marcha contra ella y nunca vaciló en su entrega a la lucha por la libertad. Su tenacidad reforzó mi respeto hacia ella, así como mi amor y mi cariño, pero también fue objeto de la admiración del mundo en general. Mi amor hacia Winnie permanece invariable.

Al oír aquello, todos contuvimos la respiración porque sabíamos que las cosas no iban bien entre ellos, pero entonces prosiguió:

Hemos acordado mutuamente que la separación es lo mejor para ambos… Me separo de mi mujer sin reproche alguno y le envío todo el amor y el cariño que he sentido hacia ella tanto dentro como fuera de la cárcel, desde el momento en que la conocí.

Dejó de leer y se puso en pie: «Señoras y señores, confío en que sabrán apreciar lo doloroso que me resulta este momento y que por eso ponga fin a esta rueda de prensa».

En circunstancias normales o tratándose de otra figura política, al menos cuatro o cinco periodistas del centenar que se encontraba allí reunido habrían sido incapaces de resistir la tentación de formular una pregunta. Había muchas cosas que preguntar, como por ejemplo: qué había provocado concretamente aquella separación; desde cuándo la había visto venir; en qué momento se había dado cuenta de que su matrimonio estaba acabado; o qué impacto iba a tener aquella desgracia personal en un proyecto político que todavía no había concluido. Todos sabíamos que aquella era la noticia más importante del día a escala mundial, pero nadie dijo una palabra. Incluso los fotógrafos dejaron de disparar cuando Mandela salió de la sala, cabizbajo y rodeado del más completo silencio.

Era un homenaje a su persona tan elocuente como el aplauso que le brindamos al finalizar la primera rueda de prensa que concedió tras su liberación. Había apelado a nuestros sentimientos más nobles y nosotros habíamos respondido. Habernos inmiscuido en su desdicha habría sido el colmo de la insensibilidad.

Recuerdo que en su momento me pregunté por qué él había creído necesario pasar por todo aquello. No tenía que haber anunciado el fin de su matrimonio personalmente. Nadie le habría reprochado que hubiera dado a conocer la noticia mediante un comunicado. Sin embargo, Mandela siempre había asegurado que su vida no le pertenecía a él, sino a su nación. La única explicación que pude hallar fue que era precisamente en ese momento en que las circunstancias lo ponían a prueba de la forma más dolorosa, cuando se veía obligado a actuar conforme a dicho principio.

Supe por ciertas personas que trabajaban con él en la sede del ANC que durante varias semanas se encerró en sí mismo como no lo había hecho hasta entonces y como no volvería a hacer. Se sumió en un humor sombrío, renunció a sus acostumbradas bromas y se olvidó de las habituales cortesías hacia su personal. El amor de Mandela hacia Winnie había sido, como todos los grandes amores, una especie de locura; especialmente cuando en su caso se había basado más en la fantasía, que él había mantenido viva durante los veintisiete años pasados en la cárcel, que en el breve período de tiempo que habían compartido juntos. Aparentemente habían vivido cuatro años bajo un mismo techo, pero en realidad las exigencias de la vida política —que en esa época a menudo significaban tener que huir de la policía— eran tales que lo habían privado de poder llevar una auténtica vida marital. Tal como Winnie me confesó la mañana que la entrevisté en su casa: «Nunca he vivido con Mandela, nunca he sabido lo que significa tener una familia unida en la que te sientas a la mesa con tu marido y tus hijos. No tengo ninguno de esos agradables recuerdos. Cuando nuestras hijas nacieron él nunca estuvo allí, y eso que en aquella época todavía no lo habían encarcelado».

Parecía como si aquella mujer, que era dieciséis años más joven que él cuando se conocieron, lo hubiera hechizado; aunque también es posible que Mandela se hechizara a sí mismo simplemente porque necesitaba construir con sus breves recuerdos de Winnie un oasis de paz donde refugiarse de la soledad de la vida en prisión.

Lo cierto es que Winnie tuvo varios amantes durante la larga ausencia de su marido. El último con el que había mantenido un romance en los meses previos a la liberación de Mandela era un abogado treinta años más joven que ella llamado Dali Mpofu, que había formado parte del equipo que la había defendido en el juicio el año anterior. Winnie continuó viéndolo después de que su esposo saliera de la cárcel. Los miembros del ANC más próximos a Mandela estaban al corriente de la situación, así como de sus frecuentes borracheras. Intenté preguntarles por qué no le habían contado a su jefe la errática conducta de su mujer, pero siempre me topé con miradas inexpresivas. Durante los dos años que siguieron a la liberación de Mandela, Winnie se convirtió en un tema tabú dentro del ANC. Lo que por aquel entonces me quedó claro fue que la impecable cortesía de la que Mandela hacía gala en sus apariciones públicas actuaba como una especie de coraza tras la que protegía la desdicha interior que sentía. Para los luchadores por la libertad del ANC, la idea de situar a su jefe ante la cruda realidad significaba ir demasiado lejos. Sin embargo llegó un momento en que Mandela ya no pudo seguir engañándose a sí mismo ni al público.

Los detalles del romance de Winnie con Mpofu se hicieron sórdidamente públicos cuando un periódico los publicó dos semanas después del anuncio de separación. No podía haber nada más humillante para un hombre que ver expuesta la vulnerabilidad interior que ocultaba tras la dura coraza que se esforzaba por mostrar al mundo. El artículo constituía un irrefutable y demoledor resumen de la aventura de Winnie y se basaba en una carta que el diario también publicaba y que ella había escrito a su amante. Era la rabieta de una mujer despechada.

La carta revelaba que poco tiempo atrás Mpofu había tenido un hijo con una mujer blanca a la que Winnie se refería como «la bruja blanca» y lo acusaba de «ir por ahí follando con la menor excusa emocional».

«Antes de que haya acabado contigo vas a aprender un poco de honestidad y sinceridad y vas a saber lo que significa para una mujer ver traicionado su amor —decía en la carta y añadía—: No olvides nunca cómo me has herido y humillado… No he dejado de repetirte hasta qué punto se ha deteriorado la situación en casa, pero a ti te da igual porque te revuelcas todas las noches con otra mujer. No pienso ser tu maldita marioneta, Dali.»

Cuesta hacerse una idea de lo humillante que debió de ser para un hombre tan correcto y reservado en lo emocional como Mandela, a quien nadie había oído nunca una palabra malsonante, ver aparecer semejante carta con semejante lenguaje en la prensa nacional. Su vergüenza y el abismo de vulgaridad en el que había caído su esposa no le dejaron otra alternativa. Tanto desde un punto de vista personal como político estaba obligado a mantener su cuidada imagen de dignidad y por ello no tuvo más remedio que declarar concluido su matrimonio con Winnie.

Lo cierto era que en privado había soportado una ración de tortura conyugal más que generosa. Unos años más tarde, gracias a un amigo suyo logré enterarme de un episodio especialmente doloroso. Poco después de haber finalizado el juicio, Winnie tenía previsto viajar a Estados Unidos para tratar un asunto relacionado con el ANC y quería que Mpofu la acompañara. Mandela le dijo que no. Winnie fingió conformarse pero al final se llevó a Mpofu. Cuando Mandela la telefoneó a su habitación del hotel, fue Mpofu quien descolgó el teléfono.

Aquello le sentó como una estocada al corazón. Su amor por Winnie y los recuerdos que conservaba habían mantenido su moral alta y su espíritu vivo en los momentos de flaqueza de su penoso encarcelamiento. Las cartas que le había escrito desde Robben Island revelaban un lado romántico y sensual de su carácter que nadie salvo Winnie conocía por aquel entonces. Le decía que sus recuerdos de ella eran como la «lluvia de verano» en el desierto de su celda. Rememoraba la «corriente eléctrica» que le «recorría» la sangre cada vez que contemplaba su foto e imaginaba sus caricias. Tampoco ocultaba su necesidad de creer en ella. «Una fuerza y un rotundo optimismo corren por mis venas porque sé que me quieres», le escribió en una ocasión, mientras que en otra le confesó lo mucho que añoraba a sus hijas: «He tenido bastante éxito a la hora de ponerme una máscara tras la cual me he aferrado a mi familia, a solas».

Sus cartas, entre las cuales había muchas de este tenor, demostraban que ni la más larga de las separaciones había logrado aplacar su pasión. También permitían entrever la amargura que debió sufrir al conocer la verdad. La carta de Winnie a su joven amante fue la gota que colmó el vaso y reveló ante los ojos del mundo la miserable profundidad de su insensatez. Aquella pequeña parcela de intimidad interior que Mandela valoraba por encima de todo había sido mancillada y convertida por Winnie en un sórdido culebrón.

Aun así, durante la rueda de prensa en la que anunció el fin de su matrimonio, Mandela declaró que se separaba de su mujer sin recriminaciones y que su amor por ella permanecía igual. ¿Podía ser eso cierto o se trataba solamente de un intento de disimular su humillación con un barniz de dignidad?

A primera vista, Mandela era un hombre al que había que considerar más víctima que culpable, pero él no lo consideraba de ese modo. Al menos en ese momento concreto de su vida seguía dispuesto a aceptar que había aspectos que mitigaban la conducta de su esposa, los cuales apuntaban directamente a él. Se sentía responsable de manera parcial de las decisiones que Winnie había tomado y aceptaba su parte de culpa porque interiormente estaba convencido de que el pecado original había sido poner su causa política por delante de su familia.

El primer matrimonio de Mandela con Evelyn Mase, con la cual tuvo cuatro hijos, también había sufrido las mismas consecuencias. La pareja rompió porque Mandela tuvo sus propias aventuras durante los años cincuenta, pero, tal como él explicaría más adelante, también porque Evelyn le planteó un ultimátum: tenía que escoger entre ella y el ANC. Conocí a Evelyn en 1989. Era una mujer menuda y gentil, testigo de Jehová, que regentaba un comercio rural y parecía contenta de que su matrimonio con Mandela hubiera finalizado en su momento.

Winnie, cuya personalidad no podía ser más diferente de la de Evelyn, aceptó el lote de Mandela (incluida su faceta de luchador por la libertad) sin saber exactamente lo que contenía. Aun así, su padre le predijo el día de la boda que aquella unión no iba a ser un «lecho de rosas». Al final resultó ser un valle de lágrimas. Tal como Mandela declaró al salir de la cárcel, estaba convencido de que su mujer y su familia habían sufrido con su ausencia más que él estando entre rejas, donde le había tocado vivir la angustia de no poder ayudarlos y de creer que todo era por su culpa. Si no hubiera optado por convertirse en el líder del brazo armado del ANC, podría haber sido un padre para su familia. Desgraciadamente resultaba imposible ser ambas cosas a la vez, y habría sido una temeridad por su parte pensar que habría podido conseguirlo.

Sus hijos también pagaron un alto precio. Mandela nunca dejó de creer que les había fallado, y las relaciones con su familia continuaron siendo tensas. Ni siquiera sus nietos se libraron de las consecuencias de la decisión de Mandela de dedicar la mayoría de su tiempo y energía a la vida política. Recuerdo una anécdota que oí poco después de su liberación: Mandela acompañaba a uno de sus nietos, que acababa de cumplir veinte años, a comprar un coche. Los dos llegaron juntos al concesionario, pero entonces una multitud lo rodeó y lo separó de su nieto. El joven notó cómo la mano de su abuelo se aflojaba instantes antes de que este desapareciera entre el gentío dejándolo solo mientras la masa a la que Mandela había dedicado su vida lo aclamaba y vitoreaba.

A pesar de todo, Mandela confiaba en que cuando saliera de la cárcel hallaría el modo de armonizar su vida política con su vida familiar. Unos años después de su separación, entrevisté a una amiga suya, Amina Cachalia, que lo conocía desde antes de que empezara sus primeros escarceos con Winnie, en 1957. «Su gran deseo —me dijo— era poder salir de prisión y volver a tener una vida familiar con su mujer y sus hijos. Es un hombre muy familiar y siempre he creído que eso era lo que más deseaba en el mundo, aunque no pudiera conseguirlo.» La triste, cruel y puede que inevitable ironía en la vida de Mandela, su gran tragedia personal, es que nunca logró ver satisfecho su anhelo de tener una vida familiar estable. No podía tenerlo todo, y su decisión de lanzarse de lleno a la lucha política fue el elemento determinante. Aun así, su ruptura con Winnie no hizo más que agravar el desastre y contaminar su relación con otros miembros de su familia, entre ellos su hija menor.

Zindzi era un personaje mucho más complejo de lo que yo había supuesto cuando conversé tranquilamente con ella en casa de su madre mientras freía unos huevos. En esos momentos, a finales de enero de 1990, su amante y padre de su tercer hijo estaba en la cárcel. Cinco días más tarde se ahorcó en su celda. Tal como finalmente comprendí, Zindzi era más hija de su madre que de su padre y había heredado de esta su capacidad para disimular, así como su fortaleza de carácter. También estaba mucho más comprometida políticamente que el resto de sus hermanos.

En 1985, el entonces presidente de Sudáfrica, P. W. Botha intentó acallar el clamor mundial a favor de la liberación de Mandela y le propuso dejarlo libre a cambio de que rechazara incondicionalmente la violencia como arma política. En aquella época, Winnie permanecía exilada en el lejano Estado Libre de Orange, y fue sobre Zindzi en quien recayó la responsabilidad de entregar la respuesta en forma de carta que su padre había escrito desde la cárcel y que ella leyó en un multitudinario mitin celebrado en el estadio de Soweto. «Valoro enormemente mi libertad, pero me preocupa aun más la vuestra —decía Mandela en la carta—. Solo los hombres libres pueden negociar… No puedo aceptar ni aceptaré ninguna iniciativa en un momento en que ni yo ni vosotros, el pueblo, somos libres. Vuestra libertad y la mía son la misma cosa y no pueden separarse.»

Era una declaración en toda regla de que anteponía los intereses de su gente al bienestar de su familia. Desconozco si Zindzi se dio cuenta de eso en aquellos momentos, pero la desdicha y el caos que iba a sufrir en su vida personal —y que sería un fiel reflejo de la de su madre— halló su expresión en una serie de tensos enfrentamientos con su padre tras su puesta en libertad.

Uno de ellos ocurrió delante de familiares y amigos el día de su boda con el padre de su cuarto hijo, celebrada seis meses después de la separación de sus padres. Fue una ceremonia deslumbrante que se celebró en el mejor hotel de Johanesburgo, y Zindzi estaba radiante con un magnífico vestido de novia adornado con perlas y lentejuelas. Pero lo que tendría que haber sido una feliz celebración se convirtió en una demostración más de lo mal que iban las cosas en la familia de Mandela.

Una de las invitadas era una política blanca llamada Helen Suzman, una buena amiga de Mandela que tenía su misma edad y que lo había visitado en más de una ocasión en Robben Island. En la boda, Suzman ocupaba una mesa próxima a la principal, donde Mandela, Winnie y otros miembros de la familia se sentaban junto a la novia y el novio. Suzman me contó que Mandela se ajustó al ceremonial con toda la propiedad que cabía esperar en semejante ocasión. Se unió a los novios a la hora de cortar el pastel y cuando le llegó el momento de pronunciar el discurso declaró «ahora ya no es mía», tal como se suponía que debía hacer. Sin embargo, no mencionó a Winnie en su alocución, y cuando se sentó, se mostró serio y cariacontecido.

Es posible que hubiera tenido tiempo de reflexionar sobre la traición de su mujer durante los seis meses que habían mediado desde su separación. Ciertamente habían ido saliendo a la luz más detalles, no solo de las aventuras de Winnie mientras él estaba en la cárcel, sino de los delitos cometidos por la banda de jóvenes —conocida en Soweto como «los chicos de Winnie»— que habían sido sus guardaespaldas y su séquito durante los últimos cuatro años que Mandela estuvo encarcelado. No solo habían asesinado a Stompie Moeketsi —el chico de catorce años de cuyo secuestro y asesinato un tribunal había declarado culpable a Winnie—, sino que al menos habían matado a otros dos jóvenes negros, propinado palizas a cualquier supuesto enemigo de su jefa y violado a numerosas muchachas con total impunidad. Aunque él no fuera consciente de ello, la única razón por la que Winnie no había acabado entre rejas fue porque era la esposa de Nelson Mandela. Unos años más tarde, el ministro de Justicia y el jefe de los servicios de inteligencia me reconocieron que habían hecho llegar un mensaje a los miembros del tribunal que juzgaba a Winnie para se mostraran clementes con ella. Resultaba esencial para las negociaciones entre el gobierno y el ANC que Mandela disfrutara de toda la tranquilidad mental y emocional posible. Su retirada del proceso habría tenido consecuencias catastróficas para el conjunto del país. Por ese motivo, encarcelar a Winnie habría representado un riesgo excesivo.

En cualquier caso, la situación ya habría sido lo bastante difícil de por sí, aun sin la ayuda de sus viejos enemigos para preservar su equilibrio. Winnie no solo lo había traicionado como hombre, sino que con sus delitos había vulnerado los valores que él se esforzaba en encarnar. Cuando llegó el momento de la boda de Zindzi, los platos de la balanza se habían equilibrado.

Aunque resulte extraño y casi inexplicable, una de las invitadas a la boda —que además ocupaba un lugar destacado cerca de la mesa presidencial— era la «bruja blanca» a quien Winnie se había referido despectivamente en su carta a Dali Mpofu, la amante por la que él la había abandonado y con la que había tenido un hijo. A su lado se sentaba un hombre que me constaba que había sido amante de Winnie en los años ochenta porque había hablado con él y así me lo había confesado. Resultaba difícil imaginar que Mandela no lo supiera y no creo que pudiera pasar por alto las miradas amenazadoras que Winnie no cesaba de lanzar a la ex amante de Dali, aunque con un poco de suerte puede que no viera el momento de la recepción en que Winnie pasó al lado de aquella mujer y soltó un bufido a Dali al tiempo que la señalaba con la cabeza y le espetaba: «¡Vamos, tómala! ¡Tómala!»

Lo viera o no, cuando la orquesta empezó a tocar un vals y los recién casados salieron a bailar, Mandela, que estaba en pie, dio la espalda a Winnie, volvió a ocupar su sitio en la mesa presidencial con aire severo y no solo no le dirigió la palabra durante el resto de la noche, sino que la trató como si no existiera. En un momento de la velada, Helen Suzman le hizo llegar una nota que decía: «Sonríe, Nelson».

Aunque es posible que en el momento de la separación Mandela no tuviera nada que recriminar a Winnie, desde luego ya no era así y parecía sumamente improbable que todavía albergara algo de su antiguo amor por ella en lo más recóndito de su corazón. La responsabilidad que en su momento había sentido por el mal comportamiento de Winnie había ido menguando a medida que se daba cuenta del alcance de su traición. Por otra parte, tal como manifestaría durante el proceso de divorcio, también había tomado conciencia de que, por muchas razones que ella pudiera tener, otras mujeres en su misma posición y con maridos condenados a largas penas de cárcel no se habían comportado del mismo modo. Pensaba concretamente en la mujer de su mejor amigo, Albertina Sisulu, una destacada activista que también había sufrido la persecución de la policía pero que había retomado felizmente la vida marital cuando su marido, Walter, volvió a casa tras pasar veinticinco años en prisión.

En octubre de 1994, cinco meses después de que Mandela ascendiera a la presidencia del país, hablé con un amigo suyo, una de las pocas personas a las que había confiado sus desavenencias conyugales. En un momento dado de la conversación, ese amigo se me acercó y me dijo: «¿Sabe? ¡Es increíble! ¡Mandela ha perdonado a todos sus enemigos pero ha sido incapaz de perdonarla a ella!».

Un año y medio más tarde, en marzo de 1996, Mandela hizo públicos sus sentimientos hacia Winnie ante el Tribunal Supremo de Johanesburgo, el mismo a donde la había acompañado para apoyarla durante su juicio de 1991. Aunque presentó su demanda de divorcio y ganó el caso, tal como

después me contó su abogado Wim Trengrove, «fue desme-
didamente generoso a la hora de repartir sus bienes con ella
porque le dio mucho más de lo que le correspondía por
ley». Sin embargo, antes de hacer semejante concesión, hizo
públicos sus sentimientos ante la sala sin la menor reserva.
Se dirigió al juez y le dijo: «¿Puedo expresarme con claridad, señoría? Aunque el universo entero intentara convencerme para que me reconciliara con la demandada yo no lo
haría... Estoy decidido a poner fin a este matrimonio». Tampoco se contuvo a la hora de describir ante la sala la decepción y la infelicidad que le produjo su vida conyugal a su
regreso de la cárcel. Winnie, explicó, no había compartido
su lecho con él ni una sola vez durante los dos años que siguieron a su reencuentro. «No hubo hombre más solo que
yo», declaró.

Anthony Sampson, su biógrafo oficial, me comentó hasta qué punto resultaba una triste ironía que Mandela hubiese
sido el hombre más famoso del mundo y al mismo tiempo el
que estaba más solo. Amigo de Mandela desde antes de su
encarcelamiento, Sampson escribió en su excelente biografía:
«A pesar de su sociabilidad, todavía mantiene una impenetra-
ble reserva y defiende su territorio más íntimo». Cuando leí
esta frase, volví a pensar en Mandela como en el presidente
de un club de caballeros victorianos. Esos individuos poseían
muchísimo aplomo social, pero tenían un temperamento distante y vivían emocionalmente amurallados. Los guiaba lo
que el poeta victoriano Arthur Hugh Clough llamó la «terrible noción del deber», que es capaz de engrandecer a una
figura pública pero también de atrofiar a un hombre en su

esfera privada. Resulta imposible no llegar a la conclusión de que Mandela se encontraba mucho menos cómodo en su vida privada que en la pública. Sabía moverse sin dificultad en el complicado mundo de la política sudafricana, pero en la esfera familiar a menudo parecía perplejo y desorientado. Afortunadamente para su país, esta no le restó energías para aquella. Gracias a la especie de apartheid al que sometió a su mente, sus angustias personales y su empuje político habitaban esferas diferentes y discurrían por canales paralelos. Sabía dominar sus sentimientos, y Winnie así me lo había dado a entender en la entrevista que le hice en su casa, justo antes de su puesta en libertad. A pesar del escaso control con que llevaba su vida privada, era una mujer que poseía una gran lucidez política y comprendía perfectamente cuáles eran las prioridades de su marido, incluso si se engañaba a sí misma al atribuirse cualidades que eran exclusivas de él.

«Cuando alguien lleva la clase de vida que llevamos nosotros, cuando alguien está involucrado en una actividad revolucionaria, deja de pensar en términos de sí mismo —me dijo—. La cuestión de los sentimientos y las reacciones personales ni siquiera se plantea porque estás en una posición en la que solamente piensa en términos de nación y de la gente que toda su vida ha colocado en primer lugar.»

Fue precisamente esa necesidad de poner a su gente antes que él lo que acudió al recate de Mandela en el momento de su más profunda desesperación personal. Por muy desdichado que pudiera ser, muchas de las personas a las que había decidido dedicar su vida se enfrentaban en esos momentos a horrores mayores que cualquiera que hubiera padecido él. El proceso de transición política que se esforzaba por concluir con medios pacíficos amenazaba con desmoronarse, ya que aquellos que temían la democracia estaban aplicando una guerra de terror en Soweto y otros guetos negros de la periferia de Johanesburgo. Las muertes se contaban por miles y tal como Mandela había advertido en su momento, si la violencia no desaparecía, toda Sudáfrica se ahogaría en un baño de sangre. La gravedad de la situación le proporcionó la suficiente perspectiva para dejar a un lado sus problemas personales. Se había convertido en el líder ungido por su pueblo. Entregarse en ese momento a su dolor habría significado caer en el grave pecado de la autoindulgencia. Las relaciones familiares se movían en un plano de insondable complejidad donde su buen juicio político y su clarividencia no le ofrecían ni guía ni consuelo. En esos momentos tenía más incentivos que nunca para actuar en el terreno donde era más fuerte, enderezar la política y conducir a su pueblo hasta la libertad.

4

Cortejando a los negros

La misma noche en que Mandela anunciaba el fin de su matrimonio, moría el hijo de diecisiete años de Blantina Radebe, un adolescente negro al que unos hombres negros apremiados por su líder negro para que lucharan por la libertad habían disparado por la espalda. No fue un incidente aislado. La muerte del chico formaba parte de una campaña asesina organizada por elementos ocultos para desencadenar la guerra en los guetos negros. A lo largo de los cincuenta años que Mandela había dedicado a la lucha por la liberación nunca se había derramado tanta sangre como durante el breve período posterior a su liberación. El desafío que tenía ante sí era evitar que la situación fuera a más impidiendo a su gente que mordiera el cebo y convenciéndola de que hiciera como él y refrenara su deseo de venganza.

Para Blantina Radebe era demasiado tarde. Tal como comprobé cuando hablé con ella, cuatro días después de la muerte de su hijo, en su casa del gueto de Katlehong, al este de Johanesburgo, no había consuelo que la democracia o cualquier otra cosa pudiera ofrecerle. Desde el día del asesinato había sido incapaz de levantarse de la cama. Mientras me contaba lo ocurrido yacía en ella, completamente vestida y apoyada en unos cojines, en medio de una habitación a oscuras. Su anciana madre estaba sentada al pie de su lecho con la cabeza entre las manos.

«Mi niño era muy cariñoso, era muy bueno —me dijo la señora Radebe hablando con voz baja y doliente—. Se llamaba Simon, tenía diecisiete años y todavía iba al colegio.» La señora Radebe se enteró a las cinco de la mañana de que habían disparado a su hijo. «A las cinco salí de casa y fui por mi propio pie hasta el albergue donde viven los zulúes del Inkatha y encontré su cuerpo tendido en el suelo. Entonces apareció un hombre que parecía muy contento, me miró y dijo: "¿Por qué dejar a esos críos ahí fuera? Vamos a salir y nos los vamos a comer". Me di la vuelta y vi que había otro cuerpo cerca. Era el amigo de Simon, Aubrey Mashego. Aubrey tenía dieciocho años y también iba al colegio.»

El albergue, característico de todos los guetos de Johanesburgo, era una especie de fortaleza temible, mugrienta, abarrotada y donde solamente vivían hombres, trabajadores emigrantes de las zonas rurales que había abandonado a sus familias para ir en busca de trabajo a la metrópoli más rica del continente africano. Las mayoría de los ocupantes de esos albergues eran zulúes analfabetos, gente maleable en lo político y tribalmente tradicional. Todos ellos formaban la base de la que se nutría el Inkatha, una organización de derecha y radicalmente hostil al ANC que presidía su todopoderoso jefe Mangosuthu Buthelezi. Este, que carecía del peso numérico necesario para competir electoralmente con el ANC en sus elecciones nacionales, creía que no tenía nada que ganar y mucho que perder si por fin los negros lograban tener derecho de voto. Lo mismo opinaban las facciones de extrema derecha de la minoría blanca que se sentían consternadas por la decisión del gobierno de De Klerk de poner en libertad a Nelson Mandela y negociar con el ANC un acuerdo para un nuevo reparto del poder. Unidos por el mismo miedo, los elementos recalcitrantes en el seno de la policía y el ejército se aliaron con el Inkatha y formaron una alianza secreta para extender el terror. El trabajo de los guerreros del Inkatha consistía en hacer el trabajo sucio.

Contemplar el dolor de Blantina Radebe resultaba insoportable y, a pesar de que hablar con madres desoladas como ella se convirtió casi en una rutina durante mi estancia en Sudáfrica, todavía me conmuevo cuando veinte años después recuerdo la escena. «Simon iba en tren con Aubrey y otros dos amigos a visitar a su tío —me contó—. Unos hombres armados se les acercaron, les preguntaron cómo se llamaban y les dijeron: "Sentaos, niños de Mandela; siéntate, Radebe. Hoy es vuestro último día".» Le pregunté cómo sabía todo aquello. «Me lo contaron los otros dos chicos que sobrevivieron. Viven al otro lado de la calle», me dijo.

Blantina se echó a llorar, y su madre se levantó para abrazarla. Salí de la casa, crucé la calle y localicé a los dos chicos. Llewellyn Motluong y Soli Ngubeni, ambos de dieciocho años, también habían sido tiroteados, pero habían logrado escapar. Llewellyn llevaba el hombro vendado y tenía un feo moratón en la barbilla. Una bala disparada a quemarropa había atravesado la nalga derecha de Soli y evitado en su cadera por poco.

«En el tren había unos cincuenta de ellos. Seis llevaban armas de fuego y el resto, cuchillos —me explicó Llewellyn—. Un hombre alto y de aspecto duro, vestido todo de negro, nos preguntó si éramos del ANC. Le contestamos que no y él dijo: "Estáis mintiendo. Vais al albergue para agredirnos. Ya veréis, cuando lleguéis al albergue nuestros muchachos os matarán".»

Los cuatro jóvenes fueron obligados a bajar del tren en la siguiente parada, donde varios individuos los agarraron y los llevaron al albergue. «Nos metieron en una especie de patio interior y allí nos hicieron preguntas sobre el ANC y Mandela», explicó Llewellyn, que recalcó que todos los del Inkatha llevaban pañuelos rojos en la cabeza. Le pregunté si él y sus amigos eran miembros del ANC. Soli, que era el único zulú del grupo, negó con la cabeza. «No pertenecemos a ninguna organización política», aseguró. Entonces, ¿por qué los hombres del Inkatha pensaban que pertenecíais al ANC? «Porque decían que habíamos nacido en el gueto y que toda la gente del gueto era del ANC.»

Los cuatro chicos, Soli, Llewellyn, Aubrey y Simon, quedaron bajo vigilancia en el albergue durante toda la tarde. No me costó imaginar el miedo que habían pasado. En otra ocasión, recuerdo haber visto en el mismo barrio a un grupo parecido de adolescentes que iba en la parte de atrás de un vehículo de la policía al que rodeaba un grupo de dos decenas de hombres del Inkatha que gritaban y blandían machetes, lanzas cortas y porras de madera, los bastones ceremoniales que en aquella época se utilizaban para matar a los sospechosos de pertenecer al ANC. Los hombres del Inkatha estaban de un humor festivo, insultaban a los muchachos y fanfarroneaban diciendo que pronto les echarían el guante. Supliqué al policía de raza blanca que estaba al mando que no entregara aquellos chicos a los hombres de Inkatha. Me contestó que no pensaba hacerlo, pero por si acaso me acerqué a los cuatro jóvenes cuando no me veía y metí la cabeza en el estrecho y oscuro vehículo blindado para que me dieran sus nombres y direcciones. Mi intención era comprobar después si el policía había cumplido su palabra, pero no conseguí nada porque los dientes les castañeteaban de miedo con tanta fuerza que eran incapaces de hablar. Siempre me he preguntado qué fue de ellos.

Soli y Llewellyn lograron sobrevivir por los pelos a su pesadilla. Soli me contó que cuando oscureció llegó al albergue un individuo en una bicicleta de cuyo manillar colgaba una gran bolsa de lona azul. «Unos diez tíos se pusieron en fila y cada uno de ellos cogió una pistola de la bolsa. Luego nos llevaron a empujones fuera del albergue y nos alinearon como si fuéramos a participar en una carrera. Alguien gritó "¡corred!" y empezaron a disparar.»

Simon y Aubrey murieron abatidos en el acto. Llewellyn, con un tiro en el hombro, halló refugio en una casa a casi un kilómetro de distancia. Soli, sangrando por su herida en la nalga, corrió los siete kilómetros que lo separaban de su casa. Según me confesaron, no eran del ANC cuando los atacaron, pero pensaban afiliarse. El Inkatha era el enemigo y deseaban vengar a sus compañeros. «Esperaré mi oportunidad y mataré a esa gente», me dijo Soli.

No volví a ver a Soli ni a Llewellyn. Nunca supe si habían sido asesinos o asesinados o si, a pesar de sus palabras, se habían marchado de casa en busca de una vida más tranquila. Su historia, por triste y desgarradora que fuera, era de lo más frecuente en aquella época. Para mí, escuchar relatos parecidos en los guetos de Johanesburgo —en Katlehong, Soweto, Thokoza, Vooslorus, Alexandra, Tembisa y Sabokeng— se convirtió prácticamente en una cuestión rutinaria. El modelo siempre era el mismo: los hombres del Inkatha que vivían en los albergues atacaban a los jóvenes de las casas vecinas a quienes creían —acertadamente en la mayoría de los casos— miembros del ANC. Los jóvenes que sobrevivían juraban organizarse y contraatacar.

A pesar de la gravedad de la provocación, Mandela hizo todo lo posible para persuadirlos de que no respondieran. Los asesinatos de los hombres del Inkatha fueron los últimos y más brutales crímenes que su pueblo tuvo que soportar durante el apartheid. Su hercúlea misión fue desviar la corriente negra de odio y frustración que clamaba venganza y encauzarla hacia el remanso de la reconciliación y la paz.

Para empezar, aquello no era una cuestión moral para Mandela. No se trataba de poner la otra mejilla porque así lo ordenaban los cielos. El pensamiento de Mandela estaba gobernado por una fría lógica política: si al final se imponían las represalias, el resultado no podía ser otro que una guerra civil en la que toda la población se vería obligada a tomar partido por un bando u otro. La guerra era el mayor enemigo de la democracia. La guerra era el terreno donde el ANC en particular y los negros en general resultaban más débiles. La fuerza del ANC descansaba en el número de sus seguidores y en su talento, especialmente el de Mandela, a la hora de negociar.

El constante derramamiento de sangre arrastró el centro de gravedad de la política sudafricana fuera de la mesa de negociaciones y lo situó en las batallas que se libraban en los guetos. Todavía hoy perduran en mi retina las imágenes de los cadáveres de jóvenes negros apilados en los patios de las comisarías; de los cuerpos amontonados en los camiones de policía y de cuya entrepierna, allí donde habían estado los genitales, seguía brotando sangre; de la matanza de cuarenta y siete inocentes a manos de los hombres del Inkatha, entre ellos un bebé de nueve meses envuelto en una sábana blanca; de las celebraciones de los guerreros zulúes cuando regresaban a sus albergues tras una incursión, blandiendo las manos mutiladas de sus víctimas como trofeos de guerra. Esas escenas de salvajismo ocurrían a menos de treinta kilómetros de distancia del moderno edificio de conferencias, próximo al aeropuerto de Johanesburgo, donde los equipos del ANC, del gobierno y de otras instancias interesadas se reunían día tras día para negociar en salas llenas de humo de tabaco. Sin embargo, tanto en espíritu como en ambiente los separaba un abismo.

El ANC tenía representantes de mucho talento sentados en aquellas salas, gente sobradamente capacitada para ser más lista que los negociadores del gobierno en aquella partida de póquer al más alto nivel que se prolongó durante más de tres años. Mandela rara vez aparecía por allí y prefería desempeñar su estratégico papel entre bastidores. El mayor desafío era acabar con la violencia en los guetos, y no tardó en comprender que esta era la punta visible de una conspiración destinada a paralizar las negociaciones. Si su pueblo se veía arrastrado a una espiral de guerra y venganza, las conversaciones al más alto nivel no dejarían de ser eso: simples conversaciones sin ninguna repercusión en el mundo real.

Años más tarde, la transición política sudafricana se convirtió en el paradigma del cambio pacífico a ojos de los expertos internacionales dedicados a la resolución de conflictos, una profesión floreciente en medio de los desórdenes globales que siguieron al fin de la Guerra Fría. Cuando la gente utiliza la palabra «revolución» en el contexto sudafricano suelen acompañarla del adjetivo «pacífica», y es cierto que el país recorrió el camino que iba de la tiranía a la democracia gracias a un proceso negociador que transcurrió en una atmósfera civilizada de toma y daca. El problema que se plantea cuando se adopta una única perspectiva para analizar el «milagro sudafricano» es que, al mismo tiempo que tenían lugar las conversaciones, el país sufrió la más sangrienta avalancha de asesinatos desde el final de la guerra de los Boérs, ocurrida casi un siglo antes. Únicamente en la zona de Johanesburgo, más de diez mil personas murieron como resultado de la violencia política durante los cuatro años posteriores a la liberación de Mandela. Muchas Blantina Radebe tuvieron que pagar un precio escalofriante por su libertad.

Los dos hechos —las conversaciones y los asesinatos— estaban mutuamente relacionados. Si Mandela no hubiera sido liberado, y con ello no se hubiera preparado el camino de las negociaciones, la ola de violencia tampoco se habría desatado. Decir esto con la perspectiva del paso del tiempo constituye una flagrante obviedad, pero en su momento hubo numerosos comentaristas —en su mayoría de raza blanca y que pontificaban desde la seguridad de sus hogares o universidades— que insistieron en ver los asesinatos como una especie de suceso espontáneo que únicamente afectaba a los negros y solo era la demostración de una salvaje rivalidad tribal. «Ya sabemos cómo son nuestros negros», solían decirme. Lo cierto es que no tenían ni idea porque la verdad era mucho más compleja: lo que estábamos presenciando eran los últimos coletazos de la bestia moribunda del apartheid.

Mandela denunció repetidas veces que existía una mano negra detrás aquella violencia. La describió como una «Tercera Fuerza», un grupo clandestino que operaba en el seno de las fuerzas de seguridad para avivar la guerra entre el Inkatha y el ANC. Los simpatizantes de la extrema derecha blanca formaron una alianza con Buthelezi que nadie hasta la fecha había creído posible.

El objetivo más ambicioso de aquel sistema racista siempre había sido lograr una separación entre blancos y negros que fuera lo más total posible mediante la creación de una red de territorios rurales exclusivamente negros, llamados «bantustanes», que se autogobernarían según principios tribales. Buthelezi se apuntó a ese juego cuando aceptó el territorio de Kwa-Zulu (y el dinero del Estado que lo acompañaba) como su feudo particular y se convirtió en el primer ministro de un parlamento títere donde el Inkatha ejercía como partido único. Tanto el gobierno de Margaret Thatcher como el de Ronald Reagan siguieron la farsa a lo largo de los años ochenta, deslumbrados por las manifestaciones a favor del mercado libre y antiapartheid que Buthelezi realizaba regularmente ante la prensa. Este representó el papel de aspirante a la democracia con el deseo de que lo consideraran la única esperanza de Sudáfrica para el futuro, una elección mejor que la de Mandela, que permanecía encarcelado y al que ciertas potencias occidentales veían como un simple terrorista de filiación comunista.

El Inkatha llevaba cinco años luchando en nombre del Estado del apartheid contra el 50 por ciento de la población zulú de su territorio que apoyaba los objetivos del ANC. La policía y los servicios de inteligencia militar del partido en el gobierno proporcionaban la estrategia, la organización y las armas, mientras que los batallones del Inkatha —siempre ataviados con pañuelos rojos para no matar accidentalmente a uno de los suyos— ponían la furia asesina. Los que eran leales al ANC se veían obligados a escoger entre agacharse y esperar que los asesinaran o contraatacar. La llamada violencia negra se desató en el momento en que estos optaron por lo segundo. Después de que Mandela saliera de la cárcel, esa sangrienta conspiración fue exportada a gran escala desde Kwa-Zulu a la zona de Johanesburgo, hogar de Mandela y corazón político de Sudáfrica. Los agitadores del Inkatha que obedecían las órdenes de los hombres sin rostro de los servicios de seguridad manipularon a los suyos para convencerlos de que si no mataban primero, acabarían siendo las víctimas. La policía regular de uniforme que operaba sobre el terreno a menudo formaba escudos humanos para proteger los albergues del Inkatha de los contraataques de los habitantes de los guetos al tiempo que se cruzaban de brazos cuando se trataba de investigar los asesinatos y las matanzas.

Buthelezi era considerado por la mayoría de los negros del país como una monstruosa marioneta en manos del apartheid. Pero eso no significaba que era incapaz de pensar por sí mismo. Tal como me lo expuso cierto embajador extranjero en Pretoria, Buthelezi estaba «loco como un zorro». Su paranoia no carecía de método y era hábil a la hora de hacer el juego a los conservadores extranjeros y a sus admiradores blancos dentro del país diciéndoles que el líder negro en quien debían confiar era él y no Mandela. Recuerdo que durante un discurso que pronunció en un mitin en el gueto de Thokoza invocó el nombre de Dios al menos diez veces. Cuando habló en zulú azuzó los antagonismos tribales recurriendo al miedo y animando a sus seguidores de lanza en mano para que se alzaran en defensa de la nación zulú amenazada; cuando lo hizo en inglés, se retrató a sí mismo como un piadoso líder cristiano (tenía la costumbre de invitar a sus partidarios de raza blanca a oraciones-desayuno) que llamaba a sus hermanos negros para que dejaran de matarse. Ante más de tres mil hombres que blandían lanzas y se ceñían la frente con pañuelos rojos declaró: «Los informes que se oyen y que aseguran que los hombres con pañuelo rojo son todos del Inkatha no son más que tonterías».

Después del discurso en Thokoza, el regimiento zulú de Buthelezi marchó triunfalmente por el gueto convertido en un bosque de lanzas que disparaba tiros al aire. La policía les dejó hacer. Dado que no había la menor posibilidad de que sus admiradores blancos pusieran los pies en un lugar como aquel, tampoco la había de que vieran con sus propios ojos lo que estaba ocurriendo; de ese modo, Buthelezi, una caricatura dickensiana de untuosa hipocresía, pudo decir lo que deseaban escuchar, y ellos le tomaron la palabra mientras lo veían tranquilamente en la televisión de la SABC.

Sus seguidores tribales recibieron un mensaje totalmente distinto. Una mañana de invierno en Vooslorus, tras una de tantas matanzas, me aventuré hasta el albergue que había frente a la comisaría y tras cuyas paredes se habían refugiado los guerreros del Inkatha. Me sentía seguro porque los seguidores de Buthelezi habían sido adoctrinados para temer al hombre blanco como en tiempos coloniales. Además, era norma sagrada entre los hombres del Inkatha no hacer daño a los blancos por temor a que eso pudiera estropear su mensaje de hermandad cristiana tan primorosamente cultivado.

Entré en el albergue y me dirigí al gran patio central, parecido al que había servido para retener a Simon Radebe y sus tres amigos. Veinte jóvenes con lanzas salieron a mi encuentro y me condujeron ante un anciano de barba gris que, según me indicaron, sería quien respondería a mis preguntas. Este, que no quiso decirme su nombre, tenía una explicación muy sencilla para las constantes incursiones y matanzas contra sus vecinos: «El problema es Mandela porque ahora está empeñado en ser el rey, y ya nadie ve al jefe Buthelezi como rey», me dijo. ¿Quería decir eso que Buthelezi tenía que volver a ser rey? «Exacto.» ¿Y cómo iban a conseguirlo? «Acabando con los que dicen que Mandela es el rey.»

El mensaje subyacente era de una brutal simplicidad: si la voluntad de la gente era que Mandela y no Buthelezi se convirtiera en el líder de Sudáfrica, para evitarlo había que matar a toda esa gente, porque costaba imaginar algo más alejado de la idea que Mandela tenía de política necesaria. Detrás de la barbaridad de los jefes había una ofensiva cuidadosamente orquestada contra el proyecto democrático de Mandela, guiada por los amigos del Inkatha, que eran los mismos que lo asesoraban y le proveían armas provenientes del aparato de seguridad del apartheid. Todo esto saldría a la luz y sería estudiado con todo detalle por una investigación judicial, así como por la Comisión de la Verdad y la Reconciliación, tras la subida al poder de Mandela.

Nada de esto habría ocurrido sin el impulso que aportó la inestabilidad emocional de Buthelezi. A la rabia y la envidia que sintió al ver que aparecía un nuevo rey en un escenario que previamente había dominado a su antojo se le sumó lo que siempre creí que era su auténtico terror: que el día en que llegara la verdadera democracia acabaría siendo linchado por los triunfantes seguidores de Mandela. El presidente De Klerk y sus ministros nunca creyeron que ese pudiera ser el destino que lo aguardaba, pero me parece que Buthelezi sí lo creía. Sus antecedentes históricos se remontaban a la familia real zulú a la que pertenecía, y a lo largo del siglo XIX, los reyes zulúes se habían sucedido unos a otros siguiendo un patrón de traiciones y sangrientas venganzas que se repetía a menudo.

Mandela, que había mantenido un buen número de extrañas reuniones privadas con él, parecía creer que era mentalmente inestable. Así me lo hizo saber en un hotel del centro de Johanesburgo, al final de una de sus muchas ruedas de prensa a las que asistí. Cuando acabó y me acerqué al estrado para charlar con él se volvió y me dijo: «El jefe Buthelezi, ya sabes, está un poco…». Dejó la frase a medio terminar, pero se tocó la sien con el dedo. No recuerdo qué contesté yo aunque imagino que debió de ser algo parecido a: «No podría estar más de acuerdo». Las palabras de Mandela habrían constituido una noticia bomba, pero no las utilicé porque las había pronunciado en una conversación informal entre él y yo. Además, si las hubiera hecho públicas, sabe Dios cuantos Simon Radebe más habrían muerto como represalia.

Mandela, que solía visitar los guetos donde ocurrían las matanzas mucho más a menudo que cualquier otro líder del ANC, estaba tan furioso con De Klerk como con Buthelezi, al que en privado tenía la inteligencia de tratar con la halagadora deferencia que hay que emplear con la gente peligrosamente insegura. En cambio, el presidente de Sudáfrica no tenía la excusa de ser emocionalmente inestable. Al salir de la cárcel, Mandela lo había llamado un «hombre íntegro», un gesto de buena voluntad pensado para que las negociaciones empezaran en un ambiente de confianza mutua. Mandela no creía que estuviera implicado activamente en la conspiración del Inkatha, pero acabó convenciéndose de que no hacía nada por detenerla. La pasividad de De Klerk ante la matanza de miles de negros hizo que Mandela no volviera a decir de él que era un hombre íntegro. Cuando descubrió que, a pesar de todo su lenguaje reformista, De Klerk seguía siendo en el fondo de su corazón un afrikáner conservador para quien las vidas de los blancos resultaban más importantes que las de los negros, su relación se agrió. Mandela se lo dijo a la cara en sus encuentros privados y también en público: si los que morían como moscas hubieran sido blancos, el presidente habría desplegado las fuerzas de seguridad con implacable energía.

Mandela expuso sus sentimientos durante una larga reunión con los principales periodistas afrikáners. Deseaba tenerlos de su parte, pero a su juicio las cosas habían ido demasiado lejos y les echó un rapapolvo. El mensaje que pretendía transmitir era sencillo pero necesario: los negros eran seres humanos iguales que ellos. Les preguntó si su reacción ante el movimiento del ANC sería más comprensiva si fueran blancos los que morían violentamente en los suburbios todos los días. Luego les recordó que el caso reciente de la muerte de un granjero blanco había desencadenado una amplia caza policial de los asesinos en la que incluso habían participado helicópteros. En cambio, los asesinatos diarios de hombres y mujeres negros en los guetos apenas habían dado lugar a una investigación y, menos aún, a detenciones.

Al planificar en su celda, la hoja de ruta que tenía que llevar del apartheid a la democracia, Mandela no había incluido en sus cálculos el asesinato en masa de su pueblo. Nunca imaginó que tanto él como el ANC tendrían que enviar llamadas de socorro a Naciones Unidas y la Comunidad Europea para que enviaran inspectores de paz que hicieran el trabajo que tendría que estar desempeñando la policía. En su miope ignorancia, De Klerk no supo ver las causas de la violencia, pero su inacción resultó tanto más extraña porque comprendía su dimensión y la amenaza que suponía. Por dos veces alertó públicamente del riesgo que estallara una guerra civil.

Al final, bajo el implacable peso de las pruebas que Mandela le presentó en sus reuniones privadas, De Klerk se decidió a actuar. No le quedaba más alternativa que reconocer que determinados miembros de sus fuerzas del orden estaban lanzando unos violentos ataques para obstruir el cambio político. En diciembre de 1992 expulsó a seis generales y suspendió o pasó a la reserva a veintitrés oficiales. Pero para muchos de los guetos de los alrededores Johanesburgo, la intervención del presidente llegó demasiado tarde. Tras dos años y medio de violencia, esta había adquirido un impulso propio.

Mandela seguía teniendo un formidable problema entre manos. Comprendía perfectamente que sus seguidores fueran cada vez más partidarios de responder con la misma moneda. No en vano había sido el primer comandante del brazo armado del ANC y el impulsor original de la decisión que dicha organización adoptó en 1960 de recurrir a la violencia frente al Estado. Pero comprendía aun mejor que el gobierno estaba más dispuesto que nunca a llegar a un acuerdo político con la mayoría negra y que declarar la guerra al Inkatha y a quienes lo apoyaban solo serviría para hacerles el juego. Anegar el país en sangre era su objetivo, no el de Mandela. Así pues, este tuvo que adoptar una perspectiva a largo plazo y convencer a su gente para que no se dejara arrastrar por la fácil satisfacción de una respuesta violenta.

Si esa tarea ya resultaba difícil de por sí con jóvenes anónimos muriendo a diario en los guetos, se convirtió en prácticamente imposible cuando las fuerzas de extrema derecha que compartían los temores de Buthelezi empezaron a matar a todo aquel a quien consideraban una amenaza. Chris Hani, el líder más popular del ANC después de Mandela, fue asesinado la mañana del 10 de abril de 1993, a las puertas de su casa de Boksburg, un barrio reservado antiguamente a los blancos y situado a tres kilómetros de Katlehong. Las negociaciones habían seguido avanzando a trompicones a pesar de la violencia continuada que asolaba los guetos, pero de repente parecieron perder toda importancia. El miedo en ese momento pasó a ser, no a que el proyecto democrático fuera pasto de las llamas, sino a que lo hiciera el país entero. ¿Hasta cuándo se podía poner a prueba la paciencia de los negros de Sudáfrica y por ende la de Mandela?

Hani había sido el último líder del brazo armado del ANC y el sucesor más carismático de Mandela en ese cargo. Ciertamente, la lucha armada era más un mito que una realidad, pero era un mito poderoso, especialmente para los negros jóvenes entre quienes la energía política del ANC se concentraba de forma más amenazadora.

Cuando Mandela y Hani se conocieron, tras salir uno de la cárcel y regresar el otro del exilio, descubrieron que tenían mucho en común. Hani sentía la misma antipatía natural hacia el uso de la violencia con fines políticos, pero opinaba, como Mandela, que sus enemigos no le habían dejado otra alternativa. En ese sentido se convirtió en una especie de hijo para Mandela, la clase de hijo políticamente comprometido que no había tenido, de modo que su pérdida le dolió en lo más profundo; sin embargo, una vez más, comprendió que no tenía más remedio que refrenar su dolor por el bien general. Inmediatamente después de enterarse de la muerte de Hani sopesó sus consecuencias políticas y llegó a la conclusión de que el proyecto político por el que había sacrificado su felicidad personal nunca había corrido tanto peligro.

Los miembros de la prensa llevábamos tres años oscilando entre la percepción de que el proceso de cambio estaba encarrilado y el miedo a que pudiera descarrilar fatalmente. Sin embargo, en ese momento nos pareció que no había vuelta atrás. «Asomados al abismo», gritaron los titulares de los principales diarios sudafricanos, y no parecía tratarse de una exageración. Todo parecía indicar que los negros sudafricanos, que hasta entonces habían seguido a regañadientes a Mandela en su mensaje de perdón y reconciliación, estaban a punto de ceder al impulso de la venganza; tanto más cuando a las pocas horas de la muerte de Hani se supo que el asesino había sido un hombre de raza blanca. Oí la noticia de su detención en la radio del coche mientras me dirigía a Thokoza, un gueto que durante los tres años anteriores había sufrido tanta violencia como Katlehong. Cuando llegué me encontré con un ambiente tan fúnebre como cabía esperar. Para acabar de rematarlo, el joven con quien hablé se llamaba nada más y nada menos que Macbeth.

Me dijo que aquello era demasiado. «Hay un dolor muy grande, pero no solo por la muerte del camarada Chris. Muchos otros han sido asesinados antes que él y tendríamos que haber actuado antes. Ahora deberíamos vengarnos, deberíamos tomar las armas contra el enemigo.» Las palabras de Macbeth reflejaban el sentir de todos los jóvenes de Thokoza con los que hablé.

Cuando salí de allí volví a poner la radio y escuché más noticias escalofriantes. Una multitud enfurecida había quemado vivos a dos blancos y cortado la lengua a un tercero cerca de Ciudad del Cabo, una zona de Sudáfrica que no había sufrido un nivel de violencia ni remotamente comparable con la de Johanesburgo. El portavoz del ANC de Ciudad del Cabo anunció que Sudáfrica iba a «pagar un alto precio por la pérdida de Chris Hani».

Otros líderes del ANC se esforzaron por llamar a la calma, pero la tensión siguió siendo extraordinariamente alta. Mandela era la única persona en quien el país podía confiar para que los ánimos volvieran a su cauce. Tres días después de la muerte de Hani, Mandela apareció en la radio y la televisión nacionales con el beneplácito de De Klerk. Solo tenía una cosa a su favor: el asesino, un inmigrante polaco, junto con su cómplice —que pertenecía al Partido Conservador (CP), de extrema derecha, con el que el Inkatha no tardaría en forjar una alianza formal—, habían sido detenidos. La detención había sido posible gracias a que una mujer blanca, una afrikáner vecina de Hani, había anotado la matrícula del coche que los asesinos habían utilizado en su fuga. Mandela aprovechó la valentía de aquella mujer —que tuvo que ocultarse para evitar las represalias de la extrema derecha— en su propio beneficio y, nada más empezar su alocución, recordó a sus furiosos seguidores que si los culpables habían sido detenidos era gracias a una compatriota blanca.

«Esta noche me dirijo a todos los sudafricanos, ya sean blancos o negros, desde lo más profundo de mi ser —dijo—. Un hombre blanco cargado de prejuicios y odio ha venido a nuestro país y ha cometido un acto tan abominable que ahora nuestra nación se tambalea al borde del desastre. Sin embargo, una mujer blanca de origen afrikáner ha arriesgado su vida para que podamos llevar a ese asesino ante la justicia.»

El uso por parte de Mandela de frases tan poco habituales en él y con tanta carga emotiva como «desde lo más profundo de mi ser» revelaba, por un lado, lo preocupado que estaba y, por el otro, que era consciente de que para que su mensaje calara tenía que recurrir hasta la última pizca de la autoridad que le conferían los veintisiete años que había pasado en la cárcel. En apariencia se estaba dirigiendo a blancos y negros por igual, pero nadie dudaba de que su gente era la destinataria final de sus palabras. El mensaje que pretendía hacer llegar estaba claro: no todos los blancos eran como el asesino de Chris Hani. La violencia indiscriminada contra los blancos no solo constituía una violación de los principios esenciales que tanto él como su organización defendían, sino que era profundamente injusta. Era precisamente una mujer valiente y no un hombre despreciable quien representaba a los blancos de Sudáfrica.

Para conseguir que su llamada a la calma calara entre sus compatriotas, Mandela tenía antes que identificarse con el dolor de su pueblo. Solo así podía retarlos a que refrenaran sus impulsos violentos igual que hacía él. Describió la muerte de Hani como una tragedia nacional que había causado un dolor y una indignación más que justificadas, pero eran un dolor y una indignación que amenazaban con desgarrar el país. «No debemos permitir que nos provoquen aquellos que pretenden negarnos la libertad por la que Hani entregó su vida.» A partir de ese momento, cualquier acto de violencia no haría sino pisotear los valores por los que Hani había luchado.

93

«Los que cometen esos actos no hacen más que servir a los intereses de los asesinos y ofenden la memoria de Hani... Con toda la autoridad que me confiere mi cargo me dirijo a nuestro pueblo para que mantenga la calma y honre la memoria de Chris Hani comportándose como una disciplinada fuerza de paz.»

La urgencia jamás había sido mayor, y Mandela nunca había recurrido a toda la autoridad de su cargo. Sus palabras equivalían a la orden de un comandante en jefe, y desobedecerla era lo mismo que traicionar la causa.

La llamada de Mandela tuvo el efecto deseado. Sudáfrica se alejó del abismo. Los negros hicieron lo que Mandela les había pedido, y la minoría blanca dejó escapar un suspiro de alivio. Fue precisamente por su reacción en ese momento por lo que el arzobispo Desmond Tutu, el analista más lúcido del escenario político sudafricano, consideraba que Mandela había sido la pieza clave gracias a la cual Sudáfrica había logrado hacer una transición pacífica a la democracia. Años más tarde me comentó: «De no haber estado él, el país se habría desgarrado. Si Mandela no hubiera salido por la radio y la televisión, nuestro país habría sido pasto de las llamas. Para él habría resultado de lo más fácil soltar los perros de la guerra, y es posible que fuera precisamente eso lo que nuestros Jóvenes Turcos deseaban. Gracias a Dios, estaba allí y supo contenerlos».

Tres meses después de la muerte de Hani tuve ocasión de presenciar cómo Mandela mantenía a raya a un grupo de jóvenes especialmente enfurecidos. Lo que estaba en juego no era tan importante, pero la actuación de Mandela no resultó menos impresionante. Katlehong y los guetos vecinos rodeaban la zona donde Hani había vivido, donde la rabia acumulada era mayor y donde los jóvenes Macbeth del ANC reclamaban más sangre. Este era el último reducto de la violencia en los guetos y allí había adquirido la imparable dinámica del ojo por ojo. Los jóvenes del ANC se habían organizado en lo que llamaban «unidades de autodefensa», pero tras la muerte de Hani pasaron a la ofensiva contra los ocupantes de los albergues Inkatha, que a su vez lanzaban sus propios contrataques.

Un martes por la mañana de la primera semana de julio de 1993 fui al hospital que atendía Katlehong y me encontré con un joven con un pijama azul a rayas que estaba sentado en la cama soplando burbujas, pero no por la boca sino por el cuello. Yacía entre otros treinta y cuatro pacientes, todos ellos tiroteados o apuñalados y todos ellos afortunados por haber sobrevivido a la peor noche de violencia política padecida ese año por cualquiera de los distintos guetos sudafricanos. Solo en Katlehong, cuarenta y cinco personas habían sido asesinadas entre el ocaso y el amanecer. Durante las treinta y seis horas previas, otras veinticuatro habían muerto entre allí y el vecino Thokoza.

Aquel joven del pijama azul a rayas tenía incrustado en la garganta, justo por encima de la nuez, un tubo de plástico de diez centímetros. El agujero donde se sostenía era obra de una bala. En esos momentos respiraba por el tubo, aunque habría sido más exacto decir que gorgoteaba. Junto a él se hallaba Linda Shweni, que había recibido disparos en la cadera, en la cara y en la base del cuello. Sentía un gran dolor pero era capaz de hablar. Me contó que tenía diecisiete años y que iba al colegio. Su historia se parecía mucho a la del hijo de Blantina Radebe y sus tres amigos, ocurrida quince meses antes. Desde entonces casi nada había cambiado para la gente de allí.

Linda me explicó que conducía cerca del albergue para hombres de Katlehong —el mismo donde habían retenido cautivos a Simon Radebe y sus amigos— cuando un grupo de individuos había disparado contra ellos. «Tres de nosotros tuvimos suerte —me dijo Linda—, porque solo nos hirieron y nos llevaron al hospital. No sé qué ha sido de nuestro otro amigo. También lo hirieron, pero desapareció al igual que el coche. Es posible que se lo llevaran al albergue. Hacen eso a menudo y entonces matan a la gente.»

La violencia prosiguió su escalada durante las semanas siguientes. La llamada a la disciplina y la calma de Mandela había llegado al resto del país, pero allí pareció caer en oídos sordos. Después de que ciento treinta personas más murieran durante la última semana de julio de 1993, Mandela creyó que había llegado el momento de difundir su mensaje personalmente.

La fecha fue el 5 de agosto de 1993 y el lugar elegido, un polvoriento estadio de fútbol local. Las medidas de seguridad eran formidables. Al aventurarse en una de las zonas más peligrosas, Mandela había decidido meterse en la boca del lobo, y el presidente De Klerk era consciente de que le interesaba tanto como al propio ANC que no sufriera ningún daño. La muerte de Hani había proporcionado un atisbo aterrador de lo que podía suceder al país en caso de que Mandela sufriera el mismo destino. Ciertamente esa posibilidad había existido

desde el momento de su liberación, pero aun más en Katlehong, donde los pistoleros del Inkatha, muchos de los cuales
no comprendían nada de las consecuencias políticas de sus
acciones, campaban a sus anchas.

Para disgusto de sus guardaespaldas —dos de los cuales
llegué a conocer—, Mandela tenía la temeraria costumbre de
dejarse rodear por las multitudes. Uno de ellos me contó que,
durante una visita a Nueva York, Mandela y su comitiva se
encontraron atrapados en un atasco que le iba a hacer llegar
tarde a una cita, y entonces él, haciendo caso omiso de los
consejos de sus hombres, se apeó del coche y empezó a caminar por la Sexta Avenida para asombro de los pasaban por
allí. Es posible que Manhattan tuviera sus peligros, pero desde luego no era Katlehong, y Mandela, que no sin razón
parecía creer que la suerte lo acompañaba a todas partes, decidió mostrarse un poco más prudente en esa ocasión. Mientras varios helicópteros del ejército sobrevolaban ruidosa-
mente la zona y decenas de coches de la policía y vehículos
blindados patrullaban por tierra, el coche de Mandela entró
en estadio y se detuvo en mitad del campo, donde un atril y
un micrófono indicaban el lugar desde donde iba a dirigirse
a su sus diez mil seguidores.

Yo llegué una hora antes que él y tuve tiempo más que
suficiente para fijarme en que alguien había garabateado un
mensaje en el atril para que él lo viera, un mensaje que los
organizadores del encuentro no habían considerado apropiado borrar. Decía: «Nada de paz. No nos hable de paz. Ya
hemos tenido bastante, señor Mandela. Nada de paz. Denos
armas, no paz».

Mandela bajó entre cánticos y bailes, gritos de «¡Larga vida al ANC!» y salmodias en las que unos gritaban «¡Amandla!» («¡Poder!») y otros contestaban «¡Ngawethu!» («¡Para el pueblo!»). Los mítines del ANC siempre seguían un ritual preestablecido que culminaba con el canto del himno de la resistencia negra, «Nkosi Sikelel'iAfrika» («Dios bendiga África»). Todas las apariciones de Mandela en zonas habitadas por negros provocaban invariablemente el delirio de la gente. Sin embargo, ese día reinaba un ambiente distinto, y cuando Mandela subió al estrado y leyó la nota escrita en el atril no tuvo ninguna duda de cuál era el estado de ánimo. Lo vi asentir brevemente para sus adentros.

Empezó a hablar y lo hizo con naturalidad espontánea. Mandela había consolidado su liderazgo y quedaban atrás los días en que el ANC le escribía los discursos para tenerlo controlado. Durante las reuniones del Comité Ejecutivo Nacional, donde el ANC decidía sus políticas, escuchaba y a veces incluso permitía que sus argumentos fueran rebatidos; sin embargo, la última palabra siempre era suya. Fuera, cuando hablaba en público, era el Moisés del ANC, la voz de la que manaban los mandamientos.

Cuando se acercó al micrófono me mantuve detrás de él, ligeramente a un lado, atento a las reacciones de la multitud. Su primera tarea era ponerla de su parte haciendo que comprendiera que compartía su indignación, tal como había conseguido con su discurso tras la muerte de Hani. «El primer gran problema —declaró— es que ni el gobierno, ni la policía ni el ejército sudafricanos parecen dispuestos a proteger a nuestra gente… Para ellos las vidas de los negros no valen nada. Es como si nuestros muertos fueran moscas.»

Sin embargo, tal como la multitud no tardó en captar, Mandela no estaba allí para alabar a los seguidores del ANC de Katlehong, sino para reprenderlos. «En estos momentos tenemos gente de los nuestros que participa en el asesinato de personas inocentes. Para nosotros no es fácil decir a los de nuestras propias filas que no deben recurrir a la violencia cuando sabemos lo furiosos que están… Pero la solución pasa por la paz, por la reconciliación y por la tolerancia política.»

La multitud se agitó, incómoda, especialmente cuando propuso que todos reconocieran que no todos los que habitaban en los albergues eran delincuentes y añadió que había que permitirles salir para que fueran de tiendas o a visitar a sus parientes con total libertad. La desilusión del público hizo presa. Se oyó un murmullo colectivo y se podía ver a los presentes hablando entre sí en voz baja. Algunos abuchearon a Mandela.

«¡No! —gritó él—. Tenemos que aceptar que los negros luchan unos contra otros en los guetos. La tarea de la ANC es unir tanto a los negros como a los blancos… Pero el Partido Nacional de De Klerk, la policía y el ejército también están implicados y eso complica las cosas.» Al escuchar lo que esperaban, la multitud se tranquilizó.

El discurso prosiguió en esa línea, con una de cal y otra de arena, durante casi una hora, como si Mandela estuviera enfrascado en un diálogo en público con sus seguidores, conquistándolos, recibiendo sus aplausos, sorprendiéndolos, reaccionando a su sorpresa y aguantando el tipo. Su mensaje más audaz llegó al final.

«Debemos aceptar que la responsabilidad del final de la violencia no es únicamente del gobierno, la policía y el ejército —declaró—, sino que también es nuestra. Deberíamos poner orden en nuestra propia casa. Si no tenéis disciplina, no sois verdaderos luchadores por la libertad. Y si pretendéis matar inocentes, entonces no pertenecéis al ANC.»

Era fácil percibir que parte del público se sentía defraudada, pero otra simplemente estaba perpleja. ¿Acaso Mandela no sabía quién había empezado los asesinatos? ¿Acaso había olvidado que la mayoría de las víctimas se contaban entre sus propios seguidores? Lo sabía perfectamente y lo dijo, pero se mantuvo en lo esencial. En esos momentos lo que estaba en juego era el futuro de Sudáfrica, y a todos ellos les correspondía ser soldados disciplinados y fieles a un bien superior.

«Vuestro deber es la reconciliación —los reprendió—. Tenéis que volver a vuestras zonas y preguntar a los hombres del Inkatha: "¿Por qué nos peleamos?".» La multitud se distanció nuevamente y se oyó un murmullo de protesta. No era eso lo que deseaba oír.

«¡Escuchadme! ¡Escuchadme! —gritó Mandela por encima del estruendo—. ¡Soy vuestro líder y mientras siga siéndolo mi tarea será lideraros! ¿Queréis que siga siendo vuestro líder?» Los presentes, escarmentados, asustados y confundidos, sopesaron la cuestión. Mandela acababa de ponerlos ante un dilema. «¡Os lo vuelvo a preguntar!: ¿Queréis que siga siendo vuestro líder?» Los presentes lo meditaron. Era Nelson

Mandela, su héroe, su líder, el padre que había sacrificado todos por ellos.

«¡Sí! —gritaron—. ¡Síííí!» Mandela respondió con un amago de sonrisa y un ligero asentimiento de cabeza. Entonces, con un escueto «muchas gracias», declaró concluido el acto.

Mandela había derrotado a la multitud, y esta reconocía su victoria. Con más alivio que alegría, agradecida por haber superado aquella situación por poco, la gente se levantó, aplaudió y coreó a voz en cuello el nombre de Mandela.

La violencia remitió en las semanas siguientes, tanto en Katlehong como en los guetos vecinos. Su discurso había surtido efecto, pero también había servido para demostrar una realidad: que el poder estaba pasando lentamente de manos de De Klerk a manos de Mandela. El ANC y el Partido Nacional se habían convertido a partir de ese momento en socios con un objetivo común, y por primera vez la policía empezó a obrar según la novedosa idea de que en la nueva Sudáfrica las vidas de los negros también tenían valor.

El camino estaba por fin despejado para que las negociaciones pudieran llegar a buen término. Tres meses después de su discurso en Katlehong, la noche del 17 de noviembre de 1993, Mandela se reunió con el presidente De Klerk y otros diecinueve líderes sudafricanos para ratificar la primera Constitución democrática del país. Un documento que, al declarar que blancos y negros eran iguales ante la ley, ponía fin a cuarenta y cinco años de apartheid y tres siglos de dominio por parte de la minoría blanca. Un compromiso al que se había llegado en paralelo establecía que el primer gobierno de la era post-apartheid sería una coalición en la que los cargos del gabinete se asignarían proporcionalmente al número de votos obtenidos por cada partido, y establecía la fecha del 27 de abril para la celebración de las primeras elecciones realmente generales del país.

Mandela declaró: «Hemos llegado al final de una época y nos encontramos al comienzo de una nueva era. Juntos podemos construir una sociedad donde no haya sitio para la violencia. Podemos construir una sociedad basada en la amistad y en nuestra condición común de seres humanos, una sociedad basada en la tolerancia... Unamos nuestras manos y caminemos juntos hacia el futuro».

No todos compartían esa visión idílica de un futuro democrático. Buthelezi, que no había estampado su firma en aquel documento y cuyo partido, el Inkatha, se había retirado de las negociaciones constitucionales cuatro meses antes, permaneció al margen, gruñendo. Lo mismo hizo un nuevo movimiento encabezado por un grupo de generales retirados que se autobautizó Afrikaner Volksfront. Poco amigos de la democracia, amenazaron con declararse en guerra a menos que se les concediera un Estado propio dentro de las fronteras del territorio sudafricano. Buthelezi, en un gesto que dejó a la vista de todos su verdadera filiación política, formó una alianza con el Afrikaner Volksfront y ambos unieron sus fuerzas bajo la bandera de un llamativo movimiento tanto blanco como negro que bautizaron Alianza por la Libertad, pero cuyo objetivo era perpetuar el apartheid.

5

Los *bitter-enders*

A Mandela todavía le quedaba un dragón que combatir, posiblemente el más temible de todos. Había impedido una guerra civil, se había reconciliado con su atormentado corazón y estaba consiguiendo derrotar al Estado del apartheid, gracias a unas negociaciones en las que sus hábiles lugartenientes obtenían concesiones del gobierno de De Klerk que ellos mismos jamás habrían esperado. Pero ahora recaía sobre él la mirada furibunda del núcleo duro de la extrema derecha afrikáner, los *bitter-enders*, como se les conocía en Sudáfrica, fuertemente armados y dispuestos a ir a la guerra.

Mandela sabía que si quería cumplir su objetivo vital tendría que enfrentarse tarde o temprano a ese último enemigo y derrotarlo. Me habló de ello en una entrevista a finales de abril de 1993, dos semanas después del asesinato de Chris Hani. Había «elementos en las fuerzas de seguridad, retirados y en activo, y organizaciones clandestinas» dispuestos a hacer lo imposible por preservar el antiguo régimen. «Quieren sumir a este país en una guerra civil racista y sangrienta —dijo—. Eso pretenden, y nuestra misión es evitarlo y asegurarnos de que haya unas elecciones democráticas y de que se forme un gobierno de unidad nacional.»

El 6 de mayo de 1993, la fiera descubrió su rostro. Aquella fría noche en la ciudad de Potchefstroom, ciento veinte kilómetros al sudoeste de Johanesburgo, las dispares fuerzas de la extrema derecha sudafricana salieron de sus cavernas dispuestas a formar un frente común contra Mandela. Hacían oídos sordos a su mensaje y tenían la misma imagen de él que cuando lo pusieron en libertad: la de un terrorista comunista al que tendrían que haber ahorcado. Aunque consiguiera disipar los temores de la mayoría blanca, allí en Potchefstroom, cuna de la rama más racista del cristianismo afrikáner, su llamamiento a la paz era ignorado.

Quince mil hombres cuya propia identidad se basaba en la premisa de la supremacía genética de los blancos sobre los negros marcharon por las calles fuertemente armados, exhibiendo remedos de la esvástica en sus camisas caqui, hasta que finalmente se detuvieron para culminar la ceremonia escuchando la soflama de su líder más conocido, Eugene Terreblanche, el hombre de barba blanca del Movimiento de Resistencia Afrikáner (AWB).

Terreblanche, un aplicado estudioso de la oratoria de Hitler, era un bufón peligroso cuyos seguidores pertenecieron en su tiempo al ejército. Muchos de ellos habían participado en la guerra que mantuvo Sudáfrica a principios de los ochenta con los comunistas en la vecina Angola. Junto a los miembros del AWB presentaba armas un grupo que se autodenominaba Movimiento de Resistencia Bóer, o Boere Weerstandsbeweging. Con ellos estaban el Ejército Republicano Bóer, la Resistencia contra el Comunismo, el Movimiento Monárquico Afrikáner, la Fundación para la Libertad y la Supervivencia, Seguridad Blanca, el Movimiento de Resistencia Blanco, la Orden del Pueblo Bóer, el Comando Victoria, los Lobos Blancos e incluso la rama sudafricana del Ku Klux Klan. Puede que muchos de ellos no fueran más que unos majaderos disfrazados, pero bastaba que cincuenta o cien de esos hombres atendieran al llamamiento de sus líderes para que diera comienzo una campaña de ataques terroristas y asesinatos.

Por más simples y primitivos que pudieran parecer, los líderes de las facciones que se reunieron en Potchefstroon poseían la suficiente inteligencia política para comprender que tendrían más éxito si enarbolaban una bandera común. Los negros contaban con un líder; ellos también precisaban uno. Necesitaban un cabecilla que inspirase respeto y admiración, que tuviera el coraje y los conocimientos militares precisos para conducirlos hasta la victoria final. Su paladín se hallaba entre la multitud, esperando la llamada.

Se llamaba Constand Viljoen, un personaje casi tan legendario entre su ferviente pelotón como Mandela entre los negros sudafricanos. Viljoen estaba exiliado voluntariamente en su granja familiar, pero ningún soldado sudafricano exhibía una reputación igual de gloriosa. Veterano condecorado en la guerra de Angola, había sido el oficial al mando de las fuerzas de defensa sudafricanas —el ejército de tierra, la aviación y la marina— entre 1980 y 1985. Estos cinco años fueron los más violentos del enfrentamiento entre los activistas negros y el Estado, un período en el que los oficiales de inteligencia del ejército crearon brigadas para perpetrar asesinatos políticos y se fomentaban las guerras en países vecinos, una época en la que las tropas sembraban el pánico en los guetos negros y se hizo patente que la dominación blanca se basaba en el poder de las armas. Los responsables últimos de que se cumpliera el apartheid no eran los miembros del gobierno, sino el general y sus soldados, y ahora acudían a él para que conformara su última línea de defensa.

El general Viljoen subió al estrado en el momento cumbre del desfile de Potchefstroom y recibió un tumultuoso aplauso. Terreblanche anunció que se «enorgullecía enormemente» de servir como «cabo» a las órdenes del más grande de los héroes afrikáners vivos y Viljoen, con su pelo cano y en posición de firmes, aceptó solemnemente su nombramiento como comandante en jefe de un nuevo movimiento de unidad que se conocería desde entonces como el Afrikaner Volksfront. Los líderes de cada una de las organizaciones presentes se turnaron para subir al estrado y jurar lealtad al hombre elegido por el destino como salvador del pueblo en sus momentos más oscuros. Después, el general se dejó llevar por el espíritu de la ocasión y arremetió contra la «blasfema alianza» entre Mandela y De Klerk, declarándose preparado y dispuesto a morir en defensa de la patria.

«Tenéis que rezar para que vuestros pecados sean perdonados —dijo Viljoen a sus hombres, que seguían creyendo que actuaban en nombre de Dios, como siempre habían hecho— y tenéis que defenderos, pues nadie lo hará por vosotros. Los afrikáners tenemos que estar preparados. Todas las granjas y las escuelas son objetivos. Si atacan nuestras iglesias no habrá ningún sitio seguro. Si nos despojan de nuestra capacidad de defensa nos destruirán. Es inevitable que se produzca un conflicto sangriento que requerirá sacrificios, pero nos sacrificaremos con gusto porque nuestra causa es justa.»

La multitud entró en éxtasis. «¡Tú nos guías, nosotros te seguiremos! ¡Tú nos guías, nosotros te seguiremos!», coreaban. Viljoen juró que los guiaría, pero no solo para defender su cultura, su religión, su lengua, a las familias y sus hogares, sino también para llegar a la tierra prometida, el sueño definitivo del apartheid de crear un Estado separado dentro de los límites existentes de Sudáfrica, un territorio exclusivo para la raza blanca que describió como «el Israel de los afrikáners» ante la exaltación de la muchedumbre. Viljoen les recordó que su pueblo había luchado valientemente contra las fuerzas del imperialismo británico en la guerra de los Bóers de finales del siglo XIX y principios del XX. Ahora tendrían que luchar con la misma bravura, ya que, según declaró, acababa de comenzar «la segunda lucha por la libertad bóer».

Mandela se lo tomó muy en serio. Los servicios de inteligencia le habían comunicado que el general y un pequeño grupo de oficiales del ejército retirados tenían capacidad para reunir una fuerza de cien mil hombres armados. Tal vez solo fuera una exageración interna para levantar el ánimo, pero Mandela verificó que Viljoen y sus hombres de confianza habían viajado por el país creando células clandestinas a la manera en que lo habían hecho el propio Mandela y sus lugartenientes cuando iniciaron la lucha armada en 1960. En otro irónico eco del pasado, Viljoen se convirtió a sus ojos en lo que Mandela siempre fue para él: un terrorista. O cuando menos un terrorista al acecho. La diferencia radicaba en que las fuerzas de Viljoen eran mucho más profesionales y poseían un potencial destructivo muy superior al que jamás tuvieron las de Umkhonto we Sizwe.

Mandela podría haber usado su autoridad creciente para desplegar todo el poder del aparato de seguridad del Estado contra Viljoen, igual que habían hecho contra él tres décadas antes. Había razones más que suficientes para arrestar a Viljoen por traición y por organizar un alzamiento armado contra el Estado. Pero Mandela sabía que una acción tan decisiva supondría, en el mejor de los casos, convertir a Viljoen en un mártir y nadie mejor que él comprendía cuáles serían las consecuencias. Más peligroso aún era la alta probabilidad de que se produjese un motín militar en defensa de un hombre al que muchos oficiales en activo consideraban un héroe sudafricano. De modo que Mandela contraatacó en el terreno que mejor conocía. Usó sus canales secretos para concertar una reunión con el general Viljoen.

Trece años después fui yo quien se entrevistó con el general. Viljoen recuperó el tema para mí en el inesperado local que había escogido para nuestro encuentro: una hamburguesería situada en Camps Bay, un hermoso rincón junto al mar a las afueras de Ciudad del Cabo. No obstante, antes de encontrarnos allí me había citado en otro lugar, un pueblo llamado Bakoven, también en la costa, escasamente a un minuto en coche de Camps Bay. A la entrada del edificio, situado al final de un pequeño callejón sin salida, había un letrero que decía: EL ALAMEIN. Se trataba de un pequeño complejo vacacional compartido por oficiales del ejército retirados, cuyo nombre rememoraba la famosa batalla de la Segunda Guerra Mundial en la que las tropas sudafricanas lucharon junto a los británicos contra el ejército de Hitler.

Viljoen estaba tan tenso que parecía estar inspeccionando tropas en formación. Pero aunque se condujera con cautela, no era antipático, ni mucho menos maleducado. Su esposa, en cambio, era encantadora. Elegante y simpática, dominaba el inglés como si fuera su lengua materna. Viljoen lo hablaba de manera más elaborada y con un fuerte acento afrikánes. Daba la impresión de ser una mujer en paz consigo misma, contenta con la nueva Sudáfrica de Mandela. No podría asegurar lo mismo de su marido. Pero resultaba fascinante estar con Viljoen en un ámbito doméstico, colarme en la casa de la playa de una persona a la que consideraba un fanático peligroso, un hombre que en sus discursos y ruedas de prensa advertía de que había una lucha armada en ciernes y de que Mandela debería pensar en el enfado del pueblo afrikáner y en que Sudáfrica estaba a punto de estallar.

A pesar de ello, Viljoen, ajeno a la música que sacudía las paredes de la hamburguesería, comenzó a relatar su primer encuentro con Mandela de manera contenida, midiendo cada una de sus palabras. La reunión había tenido lugar en septiembre de 1993 en la propia casa de Mandela, situada en una próspera zona residencial de Johanesburgo que, siguiendo la Ley de Áreas de Grupo del apartheid, había estado históricamente reservada a los blancos. Viljoen me contó que se presentó allí junto con los otros tres generales retirados que conformaban la cúpula directiva del Volksfront.

«Esperaba que abriera la puerta un sirviente, pero fue el propio Mandela quien nos recibió —dijo—. Nos estrechó la mano con una sonrisa y dijo que se alegraba mucho de vernos.» Viljoen, por su parte, no sonrió al recordar aquel encuentro. De hecho, solo lo hizo una vez durante aquella hora que pasamos juntos. Pero ni tan siquiera en ese momento, después de tanto tiempo, era capaz de ocultar la sorpresa que le causó que Mandela se mostrara tan hospitalario y atento.

«Tras invitarnos a entrar, el señor Mandela sugirió que tuviéramos una conversación nosotros dos por separado antes de que nuestras delegaciones empezaran la reunión oficial, —continuó Viljoen—. Acepté la propuesta y fuimos a su salón. Me preguntó si tomaba té. Le dije que sí y me sirvió una taza. Después me preguntó si lo tomaba con leche. Respondí que sí y me puso la leche. Luego preguntó si le ponía azúcar. Contesté que sí y me echó el azúcar. ¡Lo único que tuve que hacer fue removerlo!»

Este fue el único momento de la entrevista en que el tono de Viljoen justifica el uso de una exclamación. Dada la contención con la que se expresaba, aquello significaba una muestra de sorpresa absoluta y me dijo cuanto necesitaba saber de la impresión que le había causado Mandela. El general contaba que después de esto la conversación dio un giro y Mandela hizo gala de su habilidad para pasar instantáneamente de los asuntos triviales a la seriedad más absoluta. Le confirmó que aceptaría una declaración de guerra y también que comprendía los temores e inquietudes de su pueblo. Pero era una guerra que nadie podía ganar y en la que Sudáfrica siempre saldría perdiendo. Las fuerzas de Viljoen estaban mejor preparadas militarmente, pero las de Mandela eran más numerosas y contaban con el apoyo unánime de la comunidad internacional. Al final, el único resultado posible sería encontrar la paz en los cementerios. El general no lo discutió. Su pueblo, los afrikáners, siempre se había enorgullecido de ser lo que ellos llamaban «supervivientes» en un continente africano hostil. Mandela comprendía también esa parte de la naturaleza afrikáner y al aceptarla como un razonamiento válido consiguió establecer la base racional por la que se regirían las conversaciones secretas entre estos dos hombres y sus delegaciones durante las siguientes semanas.

Mandela cautivó al general. Lo que impresionó a Viljoen en ese primer encuentro no fueron tanto los detalles prácticos de la discusión política como lo que él llamó una «actitud muy respetuosa». Era algo que estaba implícito en el lenguaje corporal con el que lo recibió Mandela, en la manera de servirle el té y en cierto comentario que hizo al general y que, según dijo, lo impresionó mucho porque demostraba —o eso quiso creer él— una profunda comprensión de los valores afrikáners.

«Mandela comenzó diciendo que el pueblo afrikáner había causado mucho daño tanto a él como a su gente —recordó el general Viljoen—, pero que a pesar de ello sentía gran respeto por los afrikáners y que tal vez se debiera a la humanidad que desprenden, aunque esto resulte difícil de explicar a un foráneo. Dijo que si el hijo de un jornalero de una granja afrikáner enfermaba, el patrón lo trasladaba al hospital en el *bakkie* —su camioneta con tracción a las cuatro ruedas—, llamaba para interesarse por su salud y llevaba a los padres a verlo. Al mismo tiempo, según Mandela, el afrikáner era un patrón exigente, pero también tenía humanidad, y esa cualidad lo impresionaba mucho.»

Yo me pregunté de inmediato si el propio Mandela creería en el retrato que había hecho del granjero afrikáner como un buen samaritano, pero el general no dudó ni un instante de su sinceridad. Para mí resultaba obvio que las palabras de Mandela habían tenido el efecto deseado. Actuaban como un bálsamo sobre la vanidad del general, corroborando la visión idealizada que los afrikáners tenían de sí mismos. El hecho de que Mandela fuera comedido en sus apreciaciones, que no se cortara a la hora de expresarle el daño que los afrikáners habían hecho a su pueblo y a él mismo, reforzaba la convicción del general de que Mandela hablaba claro y con sinceridad. ¿Se trataba de simple manipulación? ¿Era un esfuerzo premeditado para doblegar la voluntad del general?

Mandela siempre fue ante todo un político, pero sentía una estima y respeto verdaderos por los afrikáners, a quienes consideraba, al contrario que otros líderes negros más radicales, hijos legítimos de la tierra sudafricana. Probablemente creyera lo que decía cuando alababa al pueblo del general. Pero es muy posible que en su subconsciente apelara a los espíritus bondadosos. Mandela dejó de lado los desacuerdos políticos y procuró sacar lo mejor del ser humano que tenía ante él. Al resaltar la integridad que había observado en los granjeros afrikáners con sus empleados señalaba la humanidad común a todos los pueblos y debilitaba las ideas radicales del apartheid a las que los seguidores del general parecían seguir aferrándose. El general Viljoen salió de la reunión con Mandela sintiéndose mejor consigo mismo que sentía antes de entrar. El presidente de los Estados Unidos por aquella época, Bill Clinton, reconocería después que ese era el impacto que Mandela había tenido en él: «Nos incita a todos a ser mejores seres humanos».

Mandela también comprendía que los principales impulsos de la creación del Afrikaner Volksfront eran el miedo y la culpa. Viljoen admitió esto en nuestra conversación al decir: «Teníamos mucho miedo de que, si les concedíamos todo el poder, la mayoría borraría a los afrikáners del mapa». En el fondo, a pesar de su bravuconería, Viljoen y sus partidarios sabían que habían maltratado al pueblo negro y temían una venganza en consonancia. Las palabras y acciones de Mandela en ese primer encuentro pretendían mitigar la culpa y apaciguar el miedo. Funcionó.

«Mandela se gana a todos los que lo conocen», confesó Viljoen. Yo pensé inmediatamente en una observación que me hizo en cierta ocasión Niel Barnard, el que fuera último director del servicio de inteligencia del apartheid. «Mandela —dijo Barnard, uno de los estudiosos más observadores del personaje— tenía un instinto casi animal para descubrir los puntos débiles de las personas y tranquilizarlas.» Las palabras del general, que prácticamente significaban una rendición, también me hicieron recordar algo que me contó Mandela sobre la forma de llegar a los sudafricanos blancos, que era apelando más al corazón que al cerebro. Se lo cité a Viljoen y le pregunté si creía que la habilidad que tenía Mandela para conquistar a la gente de ese modo era una especie de don.

Aunque se sintiera ligeramente incómodo con la pregunta, que ciertamente sugería una debilidad en su temperamento militar, el general no se mostró en desacuerdo. «Sí —concedió tras una breve pausa—. Es verdad. Está usted en lo cierto.» Además, en aquel encuentro y en todos los posteriores, Mandela le habló en afrikáans. Para Viljoen, el simple hecho de oírlo hablar en su lengua materna estaba de por sí cargado de significado. El mensaje era que si Mandela mostraba respeto por su cultura resultaba altamente improbable que se empeñara en borrarla de la faz de la tierra, como sus seguidores y él temían. Mandela sabía perfectamente lo que hacía, dar los primeros pasos hacia el desarme de la extrema derecha blanca. Y esto partía del conocimiento, adquirido en prisión, de que, tanto en la política como en la guerra, la primera regla es conocer a tu enemigo.

La prisión enseñó a Mandela a ser realista. La Sudáfrica negra no llegaría a la democracia mediante la lucha. Lo haría a través de las palabras. A pesar de que lo hubieran condenado a cadena perpetua, de algún modo sabía, o tal vez se viera obligado a creerlo, que algún día sería libre y conduciría a su pueblo a la libertad. Pero para hacerlo tendría que ganarse a personajes como el general Viljoen. Aprender afrikáans fue una de las primeras tareas que se encomendó a su llegada a prisión, para consternación de sus compañeros presos políticos.

Fikile Bam, que estuvo en Robben Island con Mandela de 1964 a 1975, me dijo en una entrevista en 1999 que él y los otros reclusos de la sección B, el ala de máxima seguridad para presos políticos, no podían comprender al principio por qué Mandela había decidido cursar estudios en «la lengua de los opresores». Entre ellos hablaban en inglés o en las lenguas tribales, como el zulú o el xhosa, con la que se crió Mandela. Les parecía obvio que aprender afrikáans era capitular ante el enemigo. Mandela, que miraba a un futuro mucho más lejano, no les prestaba ninguna atención. Bam me dijo que, pasados los años, los otros presos comprendieron su estrategia.

«Nelson se tomaba muy en serio el afrikáans —decía Bam, un hombre de mentalidad sobria que llegaría a juez durante el mandato de Mandela—. Y no solo la lengua, sino que se esforzaba mucho en aprender a comprender al afrikáner: su mente, cómo pensaban. Porque en su interior, él pensaba en el afrikáner como africano, y de hecho solía predicarlo. Ellos pertenecían a esta tierra y cualquier solución posible a los problemas políticos debería tener en cuenta al pueblo afrikáner. Al fin y al cabo, ellos también eran parte de la tierra, habían crecido en el país y tenían una historia que él quería comprender... Así que estudiaba con mucho empeño y todo lo que estudiaba eran cosas que obviamente serían de ayuda en el futuro de Sudáfrica, en las posibles negociaciones políticas, que finalmente se dieron.»

Mandela hizo un curso de afrikáans por correspondencia de dos años y se dispuso a leer la historia de los afrikáners, poniendo especial atención a la guerra de los Bóer, un conflicto que a pesar de la derrota de los bóers supuso un momento crucial para ellos. Por primera vez los colonos de origen holandés y francés dispersos por el sur de África tuvieron un sentimiento común de nacionalidad. Mandela se propuso aprenderse los nombres y logros de los héroes afrikáners, algo que resultaría muy útil cuando hablara de ellos con conocimiento y admiración en sus reuniones con Viljoen y otros líderes afrikáners. También se familiarizó en prisión con la literatura afrikáans. Cuando pidió a las autoridades que le proporcionaran las obras completas del celebrado poeta afrikáans D. J. Opperman, lo hicieron con gusto.

Ponerse en la piel del enemigo e interiorizar sus preocupaciones le daría una ventaja sobre ellos cuando llegara el momento de sentarse para hablar. Usó sus estudios y lecturas para tratar de entender sus presunciones y de qué se enorgullecían, cuáles eran sus puntos fuertes y sus puntos débiles. Más útil aun resultaría su relación con los carceleros, a los que llegó a observar muy de cerca, hasta el punto de que Robben Island se convirtió en un laboratorio para sus experimentos de persuasión política y los guardias en sus conejillos de indias. Igual que con el general Viljoen, llevaba a cabo su tarea con una mezcla impecable de pragmatismo, visión política y auténtico respeto.

Mandela habla sobre ello en su autobiografía. Primero acerca del pragmatismo: «La persona más importante en la vida de un preso no es el ministro de Justicia ni el comisionado de Prisiones, ni tan siquiera el director de la prisión, sino el vigilante de tu sección. Si tienes frío y quieres una manta más puedes hacer una petición al ministro de Justicia, pero no obtendrás respuesta… Sin embargo, si te acercas al vigilante de tu galería y te llevas bien con él, irá al almacén y te traerá la manta sin más».

Después, el respeto y la visión política: «Siempre intenté ser respetuoso con los vigilantes de mi sección; la hostilidad significaba derrotarse a uno mismo. Carecía de sentido tener un enemigo permanente entre los vigilantes. La política del ANC era procurar educar a todas las personas, incluso a nuestros enemigos. Creíamos que todos los hombres eran capaces de cambiar, incluidos los funcionarios de prisiones y hacíamos todo lo posible por persuadirlos».

La autobiografía de Mandela, así como la biografía autorizada de Anthony Sampson, ofrecen múltiples detalles sobre cómo Mandela se convirtió en el rey de la isla. Como dice Sampson, no solo revirtió la relación entre carcelero y preso, sino que llegó a dominar la prisión. Uno de sus abogados en el juicio de 1964, George Bizos, desveló que Mandela impuso su encanto y autoridad en cuanto llegó a la cárcel.

«Durante mi primera visita, a mediados del invierno de 1964, lo trajeron a la sala de entrevistas en la que le esperaba —me contó Bizos—. Ocho guardianes iban con él, una pareja delante, otra detrás y dos a cada lado. Normalmente los presos no marcan el paso al que se mueve la escolta. Pero resultó obvio desde que salieron de la camioneta hasta que llegaron al pequeño porche en el que se encontraban las salas de entrevistas que él sí lo hacía. Bajé la escalera, dejé atrás a los dos guardias de delante, lo abracé y lo saludé. Él me devolvió el saludo y preguntó de inmediato: "¿Cómo está Zami?". Y entonces se echó hacia atrás y dijo: "Perdona, George. No te he presentado a mi guardia de honor". Luego se dedicó a presentarme a cada uno de ellos por su nombre. Los guardias se quedaron de piedra. Creo que era la primera vez que veían a un hombre blanco, y a un abogado en particular, acercarse a abrazar a un hombre negro. Supongo que sería por eso, pero estaban completamente sorprendidos y se comportaron realmente como una guardia de honor. Me estrecharon la mano respetuosamente.»

He pasado muchas horas hablando con Christo Brand, un carcelero con el que Mandela forjó una estrecha relación en prisión. Brand llegó a tomarle tanto cariño a Mandela que en 1984, cuando le ofrecieron un ascenso que habría significado trasladarse a otra prisión, lo rechazó. «Mandela me dijo: "Usted sabe, señor Brand, que si nos deja perderemos a un amigo", recuerda. Y yo pensé que también perdería a uno. Así que permanecí allí hasta 1988. Nelson Mandela se puso muy contento de que me quedara.»

Brand se crió en unas condiciones de pobreza tales que en su hogar no tuvieron electricidad hasta que cumplió los seis años. Me dijo que Mandela solía reñirlo por no estudiar. «Me decía que tenía el cerebro bien amueblado y que malgastaba mis oportunidades en la vida. Una vez le escribió una carta a mi esposa instándola a que me hiciera trabajar más duro para que prosperase.» Brand correspondió a esa amabilidad a Mandela, y no solo ofreciéndole más mantas y otras pequeñas comodidades. Una vez le hizo un favor que no tiene precio. Una de las cosas que más apenaba a Mandela era la imposibilidad de tener contacto con los niños. Cierto día de 1985, cuando llevaba veintitrés años en prisión, le dio la posibilidad de conseguirlo. Brand y su mujer acababan de tener a su primer hijo, Riaan, ocho meses antes. Introdujo al bebé en la prisión furtivamente y lo llevó a la celda de Mandela. «Cogió a Riaan en brazos y le encantó. Creo que vi lágrimas en sus ojos.»

El recuerdo de ese gesto y de otros parecidos explica la que se convertiría en la frase más memorable de la rueda de prensa que Mandela daría a la mañana siguiente de su liberación. Hablaba sobre los motivos por los que ya no le quedaba ningún resentimiento: «En la cárcel ha habido muchos hombres buenos que comprendían nuestro punto de vista y hacían todo lo posible por hacernos felices». Cuando dijo esto, seguramente Christo Brand ocupaba un lugar preeminente en su cabeza, aunque Mandela tuvo la modestia de omitir que si sus carceleros habían sido atentos con él era porque su propio comportamiento les hacía ser amables.

Lo mismo podría decirse de sus encuentros en prisión con los dos lugartenientes de confianza del presidente P.W. Botha: Kobie Coetsee, ministro de Justicia, y Barnard, jefe de los servicios de inteligencia. El acuerdo alcanzado con el gobierno para llevar a cabo esas charlas secretas exploratorias en prisión representó un pequeño triunfo. Aquello no abrió la puerta de su celda, pero sí el camino a los acontecimientos históricos que estaban por venir. Coetsee se reunió con Mandela una decena de veces antes de su puesta en libertad en febrero de 1990; Barnard, más de sesenta.

Coetsee, que fue ministro de Justicia de Sudáfrica entre 1980 y 1993, era un hombrecillo que debía su puesto de confianza en la corte de P.W. Botha a la adulación y el servilismo con que obsequiaba al Gran Cocodrilo más que a cualquier mérito intelectual u originalidad de su pensamiento. Le gustaba verse como un clasicista y disfrutaba desplegando su conocimiento del discurso ciceroniano entre sus poco cultivados compañeros de gabinete.

Barnard, por el contrario, era el hombre del círculo presidencial cuyas opiniones Mandela escuchaba con mayor interés. Barnard, el brazo derecho secreto de Botha, fue el jefe del servicio de inteligencia nacional entre 1980 y 1992. Era un hombre alto, delgado y pálido, de rostro anodino, alguien a quien no recordarías aunque te cruzases con él tres veces al día. No dejaba huellas y parecía no tener ni sombra. Era la imagen del perfecto espía. Pasé en total seis horas con él y no fue como hablarle a la pared, sino más bien como si una pared hablara conmigo.

En los tiempos en que tuvieron lugar sus entrevistas en prisión, Barnard y Coetsee eran dos de las figuras más odiadas y despreciadas entre los negros sudafricanos. No habían decidido reunirse con Mandela porque estuviera produciéndose un despertar moral, ni siquiera tenían una buena predisposición a ello. Por lo que me contó Coetsee, se reunieron con él porque la creciente presión nacional e internacional combinada los ponía entre la espada y la pared y había llegado el momento de explorar vías políticas que fueran más allá de la represión violenta. Cualquiera habría esperado que hubiera cuando menos una atmósfera de recelo mutuo en los primeros encuentros, algo que reflejara el ambiente que se vivía en Sudáfrica. En los guetos negros se libraban batallas diarias entre los activistas y la policía, se había declarado el estado de emergencia, el gobierno de Botha encarcelaba a decenas de millares de activistas sin cargos y en ciertos casos incluso autorizaba asesinatos políticos. Mandela, una vez más, controló sus emociones. Había un proceso en marcha que él no podía parar. Tenía ante sí una dinámica que podía cambiar la historia y habría sido irresponsable dejarla pasar. No podía desperdiciar la oportunidad de oro de iniciar un proceso de cambio político exigiendo unas peticiones que sabía que jamás se cumplirían.

En lugar de eso, Mandela desplegó su depurado arsenal de habilidades políticas, encanto personal y conocimiento preciso de la mentalidad afrikáner para poner en marcha una cadena de acontecimientos que llevaría a la liberación de su pueblo. El primer objetivo era establecer una relación de respeto y confianza con Coetsee y Barnard. No solo consiguió esto, sino que con el tiempo, incluso se ganó su afecto.

Coetsee se encontró con él por primera vez en el hospital, justo después de que a Mandela le hubieran operado de próstata. Mientras que uno vestía con un traje de color negro, el otro iba en pijama, con bata y zapatillas. Cuando se reunió con Barnard, llevaba el mono carcelario y botas de goma. Pero las apariencias importaban poco. Mandela siempre daba la impresión de ser un jefe de Estado que recibía a un embajador extranjero.

Tanto Coetsee como Barnard me dijeron cuando hablé con ellos más de una década después que tras su primer encuentro con él se marcharon convencidos de que algún día se convertiría en presidente de Sudáfrica.

«Lo llevaba en la sangre y me percaté de ello desde el primer momento —dijo Coetsee—. Había nacido para ser un líder, era un hombre cordial… La primera vez que me reuní con él ya lo veía como presidente.»

«Aunque vistiera con el mono de la cárcel y las botas, su presencia y personalidad le conferían autoridad —recordó

Barnard—. En ese momento yo ya tenía la certeza de que sería el presidente del país.»

Avergonzados por la diferencia de vestimenta, los dos funcionarios del Estado del apartheid, ambos carceleros de Mandela a todos los efectos, hicieron los preparativos pertinentes para que vistiera de traje en sucesivos encuentros. El clima imperante en las discusiones era de absoluta seriedad, ya que el tema que iban tratar era el futuro de su país: democracia o tiranía, guerra o paz. Como dijo Coetsee: «Mandela se comportaba con total naturalidad, con mucha simpatía, pero bajo esta actitud uno advertía la capacidad de imponerse en un abrir y cerrar de ojos. Eso siempre flotaba en el aire y es algo que impone mucho respeto. Había mucho humor, pero pasábamos a los temas serios sin pestañear». Lo que llevó a Coetsee y Barnard a reunirse con él no fue en absoluto el placer, sino los negocios, pero cuanto más conocían los dos hombres blancos a Mandela, más imposible les resultaba escapar de la telaraña de su irresistible encanto.

Coetsee me dijo con lágrimas en los ojos: «Yo he estudiado a los clásicos y para mí él es la encarnación de las grandes virtudes romanas: gravitas, honestas y dignitas. Si tuvieras que elegir a una persona entre un millón siempre escogerías a Mandela».

Barnard era el ser más frío del planeta, pero Mandela conseguía sacarle un ápice de calidez que probablemente ni él mismo creía poseer. Durante las aproximadamente seis horas que pasé con él jamás mencionó a Mandela por su nombre. Siempre se refería a él como «el viejo», como quien habla de su padre o su tío preferido.

Para cuando acabaron las conversaciones secretas con sus carceleros, Mandela había cumplido todos los objetivos: su puesta en libertad y la de otros antiguos presos políticos, como su amigo Walter Sisulu, junto con el compromiso del gobierno para comenzar un proceso de negociaciones oficial y público.

El general Viljoen tardó menos en sucumbir a sus encantos. La primera vez que se reunió con él estaba apabullado por lo que él describía como «la honradez y educación» de Mandela y en posteriores encuentros su fe en él no hizo más que aumentar. «La primera impresión que me causó Mandela hizo más fácil la decisión que tomaría después —me dijo Viljoen—. «Lo más importante cuando negocias con un enemigo es el carácter de la persona que tienes ante ti y si su pueblo le apoya. Mandela contaba con ambas cosas.»

En 1994, Mandela propuso una iniciativa en particular que colaboró en gran medida a convencer a Viljoen de que enarbolara la bandera blanca y se rindiese. Al abordar el delicado tema del nuevo himno nacional que adoptaría Sudáfrica una vez se instaurase la democracia, Mandela persuadió a la escéptica dirección del comité ejecutivo nacional del ANC. Al principio, la mayoría pensaba que el viejo himno de los blancos, una marcha que celebraba su conquista de la punta sur de África, debía eliminarse y ser reemplazado por el «Nkosi Sikelel' iAfrika», la canción oficial de la liberación de los negros. Mandela reprendió a los otros líderes y expresó su indignación por la descuidada manera en que proponían pasar por encima de una pieza musical que representaba la identidad y orgullo de un sector de la población africana cuya voluntad era esencial para llevar a cabo el nuevo experimento de la democracia. Sugirió que se mantuvieran ambos himnos y que en adelante sonaran uno detrás del otro, según un espíritu de unidad nacional. Mandela, que había aprendido muy bien sus lecciones en prisión, se llevó el gato al agua.

«Mandela es un hombre con un gran sentido de la responsabilidad —dijo Viljoen—. Cuando me dijo "No quiero ser el presidente del ANC, sino de todo el país, hablaba con sinceridad.» Seis meses después del primer encuentro entre ambos, el general estaba lo suficiente convencido del carácter y el liderazgo de Mandela para tomar la que calificó como la decisión más difícil de su vida: ordenar a sus partidarios suspender la lucha armada. Las repercusiones de esa decisión fueron inmensas. Unos años después se hizo público el alcance que habría tenido esa lucha cuando algunos de sus hombres confesaron ante la Comisión de la Verdad y la Reconciliación que los planes para una campaña de terror nacional estaban muy avanzados. Un puñado de hombres con adiestramiento militar bajo el mando de Viljoen habría sumido en el caos al país.

Pero Viljoen no solo anunció el fin de una guerra que él mismo había descrito menos de un año antes como «sangrienta» e «inevitable». Capituló enteramente a los deseos de Mandela y dio el enorme paso de anunciar a primeros de marzo de 1994 que participaría en las elecciones que se celebrarían el mes siguiente. Era el mejor acuerdo de paz posible. Viljoen daba su bendición a todo el proceso de cambio democrático, contra el cual apenas diez meses atrás había prometido luchar hasta la muerte, sin que se le hiciera concesión política alguna, convencido casi exclusivamente por la fortaleza de carácter de Mandela. Buthelezi, una vez perdida su alianza con los blancos y sus armas, se quedó solo. No tuvo más remedio que ordenar el cese de esa retorcida variedad de lucha armada que profesaba el Inkatha y en el último momento decidió participar en las elecciones. Más tarde, se uniría a la coalición del gobierno y Mandela le nombraría ministro de Interior.

Cuando le obsequió con ese honor, Buthelezi era el hombre más odiado de Sudáfrica. El pueblo negro estaba mucho más preparado para perdonar a personajes como Viljoen, que al menos defendían lo que ellos percibían como los intereses de su propia gente. Pero Mandela, como siempre que estaban en juego decisiones de Estado críticas, optó por el pragmatismo más frío. Convenía contar con el jefe zulú para conseguir la estabilidad de Sudáfrica a largo plazo. Habría un precio que pagar en términos de eficiencia gubernamental, pero Mandela juzgó que sería un precio justo si significaba el fin de las matanzas. Buthelezi ejerció sus responsabilidades como ministro de Interior con una incompetencia predecible, pero una vez superados sus temores paranoicos permaneció dócil como un cordero.

Viljoen alababa la habilidad con la que Mandela conseguía el apoyo de su pueblo, pero él no tuvo tanto éxito. No consiguió que el Volksfront al completo creyera en el camino de la paz. Solo el 50 por ciento de aquellos que lo habían elegido como líder en Potchefstroom apoyaron su decisión de acudir a las urnas. Pero, dada la temerosa actitud de su pueblo y lo que había costado convencerlos de la buena fe de Mandela, consideró que ese 50 por ciento era todo un éxito. Los vestigios de la extrema derecha perpetraron efectivamente ataques terroristas y colocaron bombas que acabaron con la vida de hombres y mujeres negros inocentes durante las semanas previas a las elecciones del 27 de abril de 1994. Viljoen creía que si no hubiera tomado aquella decisión, habría sido capaz de llevar a cabo una campaña —«Teníamos un plan preparado», dijo— que hubiera perturbado gravemente la votación y, posiblemente, habría reducido aquel histórico día para Sudáfrica a la más sangrienta anarquía.

En mayo de 1994, Mandela fue investido presidente y se dio paso a un nuevo parlamento que reflejaba el espectro de razas y religiones existente en Sudáfrica en su totalidad, dos tercios del cual eran parlamentarios del ANC. Viljoen también consiguió un escaño, al haber obtenido su partido, según dijo, un tercio del voto afrikáner.

Yo estaba allí el día de la apertura y recuerdo a Mandela entrando en aquella cámara multicolor donde hasta ese momento solo se habían sentado hombres blancos con caras grises vestidos con traje y corbata. Advertí que Viljoen estaba de pie en la planta baja, mirando a Mandela con fascinación.

Años más tarde, cuando me senté con él en aquella hamburguesería de Camps Bay, insinué que aquella expresión que vi en su rostro esa mañana evidenciaba un profundo afecto. Viljoen, incómodo, respondió con una breve inclinación de cabeza: «Sí, está usted en lo cierto», pero enseguida entró en materia. «Mandela entró y, cuando me vio, se acercó, algo que no debía hacer según el protocolo parlamentario. Me estrechó la mano con una enorme sonrisa en el rostro y me dijo lo contento que estaba de verme allí.»

Solo entonces, por primera y última vez en nuestro encuentro, sonrió Viljoen. Se había acordado de algo. «De repente, cuando nos dimos la mano, se oyó gritar una voz negra desde la galería que dijo: "¡Dele un abrazo, general!".» Apenas me atreví a preguntarle qué hizo. «Soy un militar y él era mi presidente —respondió—. Estreché su mano y permanecí en posición de firmes.»

Durante el camino de vuelta en coche a la casa de la playa reflexioné sobre lo que había cambiado mi percepción del general desde aquella primera vez que lo vi en el mitin afrikáner de Potchefstroom. Había descubierto que era lo que De Klerk fue para Mandela el día posterior a su puesta en libertad: una persona íntegra. Aunque fuera un hombre de ideas fijas la mayor parte de su vida, tuvo el coraje moral de adaptarse y permitirse cambiar. Le pregunté a qué se dedicaba ahora. Respondió que había abandonado la política hacía cinco años para volver a su granja, la misma que dejó cuando respondió a la llamada de su pueblo a la guerra en mayo de 1993. ¿Había visto a Mandela recientemente? «Estuve con él muchas veces cuando era presidente. Siempre tenía la puerta abierta para discutir temas relacionados con el bienestar de los afrikáners. Y también coincidimos después de dejar la política. Pero hace un tiempo que no lo veo porque me informan de que no anda bien de salud.»

«¿Le gustaría volver a verlo?» Nos disponíamos ya a darnos la mano y despedirnos. Viljoen se permitió un leve atisbo de emoción. «Sí, me gustaría —contestó—. Me encantaría verlo, aunque no querría ponerlo en un compromiso. Pero sí, claro. Me encantaría volver a verlo. Es el más grande entre los grandes.»

6

Un héroe para su mayordomo

Zelda la Grange entró a formar parte de la vida de Nelson Mandela a la edad de veintitrés años, cuando él tenía setenta y seis. A partir de entonces fueron inseparables. Trabajó como su asistente personal durante la presidencia y cuando se retiró de la política continuó a su lado, ayudándole a administrar sus múltiples organizaciones benéficas. Lo acompañó, me contó en noventa y seis viajes. Organizaba los pormenores de su agenda, controlaba su dieta y otras necesidades domésticas, hacía de secretaria, sirviente, asistente, portavoz, guardiana y confidente, y conversaron sobre temas públicos y privados durante las innumerables comidas que compartieron, estrechando su relación con él a medida que transcurrían los años. Fue la persona con quien pasó más tiempo desde su llegada a la presidencia. No había mucha gente en la que confiara más o por quienes sintiera mayor afecto. Ella lo llamaba «khulu», que significa «abuelo» en la lengua xhosa de Mandela.

Zelda, que es alta, rubia, activa y enérgica, podría representar el espécimen ejemplar de la raza de amos afrikáners.

Desde fuera da la impresión de ser inaccesible y fría. No obstante, cuando uno la conoce, advierte que esa distancia es indispensable en su trabajo como custodia de Mandela y que cuando baja la guardia es divertida e irreverente y habla claro, además de que, tras haber conocido a numerosos actores de Hollywood y jefes de Estado, no es nada fácil de impresionar. Qué mejor ayuda que ella para responder a la pregunta que planteo: ¿era Mandela un frío manipulador, un consumado actor cuya simpatía y bondad formaban parte de una estrategia fingida? ¿Sería menos honesto y amable en privado de lo que parecía en la vida pública? ¿Tendría un lado oscuro como muchos otros héroes de la historia?

Zelda conoció a Mandela en agosto de 1994, cuatro meses después de su elección como presidente, a las dos semanas de comenzar a trabajar en los Edificios de la Unión como nuevo miembro del personal de secretaría. Se encontró con él por casualidad cuando iba a recoger un documento al despacho de su secretaria. «Él empezó a hablarme en afrikáans y al principio no entendía nada de lo que me decía porque lo último que esperaba era que se dirigiera a mí en mi propia lengua», recordaría Zelda en una conversación que mantuvimos catorce años más tarde en Londres, donde se preparaba una celebración por todo lo alto para el nonagésimo cumpleaños de Mandela. «Su afrikáans era impecable, pero yo me encontraba en tal estado que no podía entenderlo. Estaba temblando.» Zelda soltó una carcajada al recordarlo. «¡Sí, temblando! No sabía qué esperar de él. Tenía miedo de que me despidiera o me humillara… y de repente me sobrevino ese sentimiento de culpa con el que vivimos todos los afrikáners.»

Zelda insistió en que todos los afrikáners poseen ese sentimiento de culpa, incluso aquellos típicos, como su familia y ella, que siempre se habían considerado apolíticos. Sus padres eran unos pretorianos temerosos de Dios que votaban por defecto al Partido Nacional, el cual gobernó sin interrupción de 1948 a 1994, inventó el apartheid y lo llevó a efecto. Su contacto con personas de raza negra se limitaba a la asistenta que vivía con la familia y que, acatando las reglas de aquellos tiempos sin rechistar, bebía en una taza aparte y usaba cubiertos diferentes a los de ellos. Zelda ni tan siquiera pensaba en ello, aunque sí recordaba cómo el presidente Botha anunció la imposición del estado de emergencia en la radio y de repente tuvo miedo, como todos los blancos, de que hordas de negros furiosos arrasaran su casa en mitad de la noche. Los afrikáners tienen un término para esto: *swart gevaar*, el peligro negro.

Así que no seguían los pormenores de las revueltas en los guetos ni de las protestas internacionales o la respuesta de su gobierno, pero sí eran conscientes, de un modo en el que preferían no pensar, de que lo que hacían con los negros era injusto. Zelda decía que, aunque no quisieran admitirlo, la culpa flotaba en el aire. En su primer encuentro cara a cara con Mandela, su propio sentimiento de culpa se concentró en lo que su pueblo había hecho con él. «Se veía claramente que no era un hombre de sesenta años; tenía setenta y seis en aquel momento, una se percataba de que era un hombre mayor, y lo primero que te pasaba por la cabeza era: "¡He encerrado en prisión a este hombre! ¡Mi pueblo ha encarcelado a este hombre!". Yo formaba parte de eso, aunque no tuviera edad para votar. Era culpable de aquello, de arrebatarle la vida entera a una persona como él. Y entonces me eché a llorar.»

Zelda dio la impresión de que no le habría sorprendido que la abofeteara. Pero aunque a ella le pareciera una reacción comprensible, la actitud de Mandela fue muy diferente. «Estrechó mi mano y después siguió agarrándomela. Yo estaba muy afectada, sollozando. No sabía qué hacer. Era la primera vez que conocía a un presidente. Pero él simplemente continuó hablándome mientras me cogía de la mano y cuando vio lo afectada que estaba me puso la otra mano en el hombro y dijo: "No, no, no... esto no es necesario, estás exagerando". Oír esto me tranquilizó un poco, puede que incluso me hiciera sonreír, y entonces él empezó a hacerme preguntas: dónde me había criado, a qué se dedicaban mis padres. Acabamos hablando durante cinco minutos. Pero no estaba dándome ningún trato especial. Actuaba así con todos los miembros del personal cuando los conocía, ya fueran negros o blancos, y les preguntaba por sus orígenes y sus familias.»

Una charla con otro empleado afrikáner de la presidencia me confirmó que Mandela seguía siempre ese mismo patrón. Se llamaba John Reinders. Acudió a su trabajo a la mañana siguiente de la investidura de Mandela, el 11 de mayo de 1994, convencido de que lo despedirían tanto a él como al resto del personal blanco. Se equivocaba. Reinders me comentó que Mandela convocó una reunión con todos los trabajadores en cuanto llegó y que después de presentarse a ellos uno por uno y preguntarles su procedencia, les rogó a todos que se quedaran, aduciendo que necesitaba su experiencia porque él y los suyos no tenían idea de cómo dirigir un gabinete presidencial. «Pero esto no es una orden —dijo Mandela—. Quiero que os quedéis si deseáis hacerlo y queréis compartir vuestro conocimiento y experiencia conmigo.» Todos se quedaron y, por lo que sé, ninguno de ellos se arrepintió de hacerlo.

Hablé con Reinders en su despacho de los Edificios de la Unión en el año 2006. Permaneció con Mandela hasta el fin de su mandato en 1999 y después continuó con su sucesor, Thabo Mbeki. Reinders era un hombre sincero, un ser humano enorme y musculoso que en su juventud debió de ser un jugador de rugby formidable. Cuando nos presentamos estrechó mi mano izquierda porque, según explicó, se había roto la derecha propinándole un puñetazo a la pared en un ataque de rabia, después de que su equipo no cumpliera el plazo impuesto para la organización de cierta ceremonia. Jovial, educado, de unos cincuenta años de edad, me contó que en 1980 trabajaba como director de Instituciones Penitenciarias cuando Botha lo llamó para que trabajase en la presidencia. Allí continuó con De Klerk, hasta que Mandela lo relevó en el cargo. «P.W. me llamaba "mayor", F.W. ni me nombraba y Nelson Mandela me llamaba "John" —dijo Reinders, que añadió con una sonrisa—: Creo que eso lo dice prácticamente todo.»

Al recordar cómo Mandela y él solían bromear sobre su experiencia compartida en la penitenciaría, dijo que tenía «cautivado» a todo el personal de los Edificios de la Unión, blancos y negros.

«Te tenía en la palma de su mano desde el momento en que lo conocías, del primer día hasta el último. Se tomaba como una rutina el hecho de entrar en mi despacho y el de los demás y preguntar: "Cómo estás hoy?". Si había algún empleado que tenía un familiar enfermo siempre se acordaba y preguntaba por él. Una secretaria que trabajó conmigo unos años en la presidencia tuvo un accidente y Mandela le envió flores. Encontraba tiempo para todos.»

Una de las tareas de Reinders era llevarle los periódicos del día a su despacho a las 8.15 de la mañana. «Siempre se levantaba cuando entraba. Cada vez.» En cuanto a los puntos más exquisitos del protocolo, decía que Mandela se saltaba las reglas si no casaban con su idea de los buenos modales. En una ocasión en que lo acompañó a Roma, Reinders se encontraba justo detrás de su jefe cuando este saludaba al Papa. Entonces, Mandela se dio la vuelta y le presentó con una enorme sonrisa a Reinders, a quien el sorprendido pontífice no tuvo más remedio que dar también la mano.

Los ojos de este grandullón se anegaron de lágrimas cuando me relató el encuentro entre Mandela y su esposa Cora en 1994. Los invitó a ambos a su residencia a una barbacoa navideña junto con otros miembros del personal. «Cuando vio a Cora, la saludó con mucha ternura y luego me echó el brazo al hombro y le dijo: "¿De dónde has sacado a este hombre tan extraordinario?". Mi esposa estaba tan emocionada que no podía ni respirar.»

Hay un dicho que reza que nadie es un héroe para su mayordomo. Mandela y John Reinders eran una excepción a esa regla. Mandela y Zelda la Grange, también. Zelda, que lo conoció mejor que nadie durante las última etapa de su vida, insistía en que no había nada que le disgustara de él, ni siquiera el hecho de que como presidente estuviera obligado a responder llamadas a la una o las dos de la madrugada, o que tuviera que estar junto a él a todas horas. Tampoco su obsesión por la puntualidad le importaba.

«Es muy quisquilloso con eso —me dijo—. No le gusta hacer perder el tiempo a nadie. Le molesta mucho cuando alguien llega tarde a una reunión y se incomoda cuando es él quien lo hace, aunque sea por causas ajenas a su voluntad.» Según explicaba Zelda, la costumbre de la puntualidad no era simplemente cuestión de buenos modales, sino una expresión de la importancia que daba al respeto por los demás. Para él, ese era el valor más importante.

Una vez pregunté al mentor político y amigo de Mandela, Walter Sisulu, si era capaz de resumir exactamente aquello por lo que Mandela había luchado durante toda su vida. Su respuesta fue mucha más sencilla de lo que esperaba: «El respeto común y corriente». Eso era todo, ni más ni menos. El apartheid había supuesto lo contrario al respeto común y corriente: una expresión extraordinaria de desprecio. El día que el respeto fuera la norma común entre personas de todas las razas el apartheid desaparecería. Mandela pensaba que ser puntual era un buen punto de partida, incluso con nosotros los periodistas, para quienes la indignidad de esperar a los poderosos forma parte de nuestro trabajo. Siempre que sus ruedas de prensa se retrasaban por circunstancias que Mandela no podía controlar comenzaba su comparecencia disculpándose encarecidamente.

Un escéptico podría pensar que la cortesía que Mandela empleaba con la prensa o con Zelda, John Reinders y el resto del personal de la presidencia, por no hablar de Viljoen, Kobie Coetsee o Niel Barnard, estaba motivada por un interés personal. Cuando no tenía un objetivo político en mente quería asegurarse la lealtad de quienes trabajaban para él. Lo mismo podría decirse de esos monumentales gestos simbólicos que tuvo con el enemigo de antaño una vez que llegó a ser presidente, como viajar cientos de kilómetros para tomar el té con Betsie Verwoerd, la anciana viuda de Hendrick Verwoerd, uno de los padres fundadores del apartheid.

Verwoerd, que dijo aquella famosa frase: «Jamás he sufrido la inquietante duda de pensar que he podido equivocarme», fue el primer ministro de Sudáfrica entre 1958 y 1966. Para el movimiento de liberación no había nadie que ocupara un puesto más alto en su panteón de sinvergüenzas. Era el ideólogo en jefe de la segregación racial. Durante su etapa de gobierno, Mandela decidió tomar las armas y fue encarcelado. Le devolvió ese favor presentándole sus respetos a la viuda, a la cual invitó más tarde a almorzar junto a todas las esposas supervivientes de presidentes o primeros ministros del apartheid en Pretoria, donde ellas mismas habían residido.

Igual de sorprendente fue que invitara a comer a Percy Yutar, el abogado de la acusación, que además de esforzarse por encarcelar a Mandela, quiso convencer a los jueces de que lo sentenciaran a la pena de muerte. No solo se preocupó de organizar una comida *kosher* para Yutar, que era judío, sino que se disculpó en su nombre al manifestar públicamente que él simplemente cumplía con su deber como fiscal del Estado.

Ciertamente estos actos deliberados de perdón público tenían un claro propósito político. Estaba enviando un mensaje a todos sus compatriotas que decía: «Si yo puedo hacerlo, vosotros también». Formaba parte de lo que él llamaba «construcción de la nación». Sabía perfectamente que todavía quedaba mucho por hacer antes de que el proyecto de la nueva Sudáfrica pudiera considerarse a prueba de balas. Todavía andaban sueltos algunos de aquellos temerosos y aprensivos antiguos partidarios del general Viljoen. A Mandela también le preocupaban los elementos desestabilizadores que había entre la vieja guardia de la policía. Los precedentes históricos en otros países en el que el orden anterior se había revertido completamente hacían pensar en la emergencia de un grupo terrorista contrarrevolucionario. No hacían falta más que un puñado de hombres con conocimientos de explosivos y ganas de asesinar para poner en riesgo todo el proyecto. Acabar con esa amenaza de una vez por todas se convirtió en el objetivo principal de la presidencia de Mandela. Había dejado claro desde el día de la toma de posesión que su labor más importante sería asegurar los cimientos de una nueva y frágil democracia. Una tarea para la que Mandela había nacido, ya que consistía en hacer que todos se sintieran parte de la nueva Sudáfrica. Un consejero político de la presidencia de Mandela definió muy bien el desafío mediante esta cita de Garibaldi: «Hemos hecho Italia. Ahora tenemos que hacer a los italianos».

En el caso de Sudáfrica, aquello significaba incluir a ese sector angloparlante menos belicoso de la comunidad blanca. En tanto que los afrikáners habían regido en términos extensos el Estado del apartheid, los angloparlantes habían dominado la economía privada. Los sudafricanos más prósperos tendían a ser «ingleses» y también tendían a votar al Partido Demócrata (DP), la oposición más significativa a la que se enfrentaba el gobierno de coalición que comandaba Mandela. Contaban con una representación minúscula en el parlamento comparada con la del ANC, pero no obstante, su incisivo y batallador líder, Tony Leon, un abogado al que Mandela doblaba en edad, tomó la costumbre de ponerlo a prueba en los debates parlamentarios, mostrándose implacable con las debilidades de su administración y acosándolo con problemas relativos a la economía y la política exterior.

Cierto día, Mandela no pudo soportarlo más. Le dijo que estaba harto del incordio al que lo sometía su pequeño partido de Mickey Mouse. Leon contestó con una de sus típicas réplicas mordaces: «Sí, señor presidente, y la gente de Sudáfrica esta harta de la economía de Goofy de su gobierno». Mandela se tomó la respuesta con buen humor, mientras la cámara parlamentaria se partía de risa. Apenas una semana más tarde, Leon sufrió un grave ataque al corazón. Le hicieron un *bypass* cuádruple en un hospital de Johanesburgo. Días después Mandela lo visitó. Fue a la habitación de Leon, vio que estaba despierto y antes de que el rival parlamentario se percatara de su presencia dijo: «Hola, Mickey Mouse. ¡Soy Goofy!»

Leon nunca olvidó el gesto de Mandela ni las risas que ambos compartieron. Había dado en el blanco: el líder de la oposición se transformó desde entonces en otro de sus adeptos. Una vez más, amabilidad con un propósito determinado.

Mandela también paseó su encanto por la escena internacional, asegurándose de que Sudáfrica pasara rápidamente de ser la nación paria del mundo a la más querida por todos. El presidente Clinton lo admiraba más que a ningún otro líder mundial. Tal vez era de esperar. Más sorprendente fue que sedujera a la reina de Inglaterra. Su íntima relación con la jefa de Estado más distante del planeta, o al menos de los países democráticos, llegó a un punto de cordialidad tan natural que cuando visitaba Londres, incluso después de dejar la presidencia, Mandela la llamaba en cuanto salía del aeropuerto de Heathrow, como se hace con los amigos al llegar a su ciudad. Como es natural, concertaban sus citas con antelación, pero no siempre. En cierta ocasión, Mandela apareció en el palacio de Buckingham para tomar el té después de registrarse en el hotel y la reina Isabel le preguntó dónde estaba alojado. Él contestó que en el Dorchester. «No, Nelson. Este es tu Dorchester. Ven y quédate aquí conmigo», respondió la reina. Dicho y hecho. Mandela se lo comunicó a Zelda para que recogieran su pijama y su cepillo de dientes del hotel y lo llevaran a palacio, donde pasó la noche.

Aun más extraordinaria era su forma de dirigirse a ella. Un amigo mío y su mujer, John y Denise Battersby, cenando con él una noche en su casa de Johanesburgo durante el último año de su mandato presidencial. De repente, entró en el comedor un miembro del personal con un teléfono portátil. La reina de Inglaterra estaba al otro lado de la línea. A Mandela se le iluminó el rostro, cogió el teléfono y exclamó: «Ah, hola, Isabel. ¿Cómo estás? ¿Cómo están los niños?», refiriéndose a los príncipes Guillermo y Enrique, cuya madre, Diana, había muerto recientemente.

Mandela se retiró al salón para continuar la conversación en privado. A su vuelta, se rio por lo bajo diciendo que su mujer, Graça Machel, le reprendería porque no era correcto dirigirse a la reina de Inglaterra por su nombre de pila. Probablemente no había nadie en el mundo, salvo tal vez su marido, que la llamara Isabel. En otros tiempos eso se habría considerado una ofensa. Mandela era un plebeyo y para colmo, de las colonias, pero me veo obligado a concluir que el afecto y comodidad que ella sentía en su compañía se debía a esa majestuosidad natural que muchos apreciábamos en él en cuanto lo conocíamos.

A pesar de que el ascendente aristócrata de Mandela era muy tenue y se reducía al linaje de los antiguos reyes de Xhosa, la reina de Inglaterra lo trataba de igual a igual. También compartían algo más: la misión de representar figuras de unificación nacional.

Tal vez la amistad entre ambos no fuera la razón más importante para que Sudáfrica disfrutara de unas excelentes relaciones con el viejo poder imperial durante el mandato de Mandela y después, pero sin duda sirvió de ayuda. Será difícil que Sudáfrica vuelva a tener un embajador tan efectivo.

Sí, había mucho cálculo detrás de todo ese encanto, pero no creo que solo lo hiciera por eso. Como dijo el arzobispo Tutu: «¿Actuaba de forma premeditada al visitar a Betsie Verwoerd o invitar a comer a Percy Yutar? Me refiero a si lo hace con un propósito o de manera espontánea. ¿Hay un plan deliberado?». Su respuesta fue: «Sí y no». Según decía él, la línea entre ambas cosas es muy fina.

Yo creo que la línea es tan fina que ni siquiera puede verse. El político y la persona eran prácticamente uno mismo. El encanto de Mandela radicaba en su naturaleza. Esta le hacía ser generoso, honrado y educado, inspirado sin duda por una necesidad que comparte la mayoría de la humanidad: la de ser respetado y amado. Su amabilidad instintiva iba a la par con el imperativo político de seducir a las multitudes. Uno se apoyaba en el otro. Podía ser él mismo sin dejar de ser consciente de que su comportamiento natural servía a un propósito político. Todos creían automáticamente en la sinceridad de Mandela, por más que supieran que había un móvil político. Nadie se sentía engañado por él. Tras luchar contra mi impulso periodístico de dudar de las buenas intenciones de los poderosos, tengo que coincidir con Zelda la Grange y John Reinders en que Mandela era honesto por naturaleza.

Empecé a comprender la coherencia entre el Mandela político y su personaje privado a finales de abril de 1994, justo después de que tanto él como el resto de la población negra ejercieran el derecho al voto en unas elecciones nacionales por primera vez en sus vidas. Seis semanas antes, el corresponsal de la BBC en Sudáfrica había muerto en un accidente de tráfico. Una hora y media después de que se hiciera pública la terrible noticia sonó el teléfono en la casa de Harrison. Contestó una amiga de la esposa de Harrison, que se llamaba Penny. «Hola —dijo la voz—. Soy Nelson Mandela. ¿Podría hablar con la señora Harrison, por favor?» La primera reacción de la amiga fue asumir que era una broma de mal gusto. Pero el hombre que estaba al teléfono perseveró, hasta que al final la convenció de que era quien decía ser.

Eran unos momentos especialmente frenéticos para Mandela. Estaba en mitad de campaña de una elecciones nacionales y al mismo tiempo luchaba por convencer a Buthelezi y a la extrema derecha de que abandonaran las armas. Pero este no fue un gesto premeditado y mucho menos un intento de ganar votos. Mandela habló con la recién enviudada Penny durante media hora. Después me enteraría de que la conversación versó sobre la propia experiencia de Mandela con una desgracia similar. También él había sufrido la devastadora pérdida de un ser querido en un accidente de tráfico. Thembi, el hijo mayor de Mandela, al cual su padre adoraba, murió en un accidente de tráfico siete años después de que encarcelaran a su padre en Robben Island. Un mes después de la conversación, Mandela distinguió a la amiga de la señora Harrison entre los periodistas en un mitin electoral del país zulú. Se acercó a ella y le preguntó: «¿Cómo lo lleva Penny?».

La historia que me contó Tony O'Reilly, un magnate de la prensa irlandés que llegó a conocerlo bien, tiene un tono más ligero:

Mandela decía que quería tomarse un descanso antes de la campaña electoral, así que lo invité a mi casa de las Bahamas. Pasó ocho días allí por su cuenta a finales de 1993 con dos guardaespaldas y mi mayordomo, que se llamaba John Cartwright, se enamoró de él, como les pasa a todos. John se hizo muy amigo suyo. Meses después, Mandela me dijo que quería invitarme a la investidura y preguntó si John Cartwright podía venir conmigo. Ni que decir tiene que las invitaciones llegaron, dos para mí y otras dos para John. Por desgracia, no pude ir. El día de la ceremonia me encontraba en los Estados Unidos en un bar viendo el acontecimiento por televisión. Yo estaba allí sentado mirando y el comentarista de la tele hablando con esa típica voz rimbombante de los americanos: «Estamos asistiendo a una de los grandes momentos de la historia, la toma de posesión de Nelson Mandela, el primer presidente negro de Sudáfrica y aquí están cuatrocientos líderes mundiales. La delegación estadounidense está encabezada por la primera dama, Hillary Rodham Clinton y el vicepresidente Al Gore y junto a ellos está... está...». Y yo pienso: «¡No! ¡Santo cielo, pero si es John! Allí mismo, incluido en la delegación americana... ¡Qué gran momento!».

Mandela nunca olvidaba a quienes lo trataban bien. Siempre se mantuvo fiel a su carcelero, Christo Brand, un individuo que una vez fuera de la cárcel carecía de utilidad práctica para él, y a su hijo Riaan, al que tuvo en brazos en prisión cuando era un bebé. Brand, un hombre de buen talante que hablaba de Mandela casi como si fuera cualquier otro amigo, me dijo que en prisión siempre lo llamaba «señor Brand» en tanto que él lo llamaba simplemente «Nelson». Esta costumbre nunca cambió, ni siquiera cuando Mandela llegó a la presidencia y Brand lo telefoneó para felicitarlo. Mandela le había dado su número de casa, un detalle que Brand contaba con la misma naturalidad que cuando mencionó que volvieron a reunirse en Amsterdam en 2002: «Me presentó a la reina de Holanda y yo lo ayudé a subir las escaleras».

Mandela invitó a Brand a la celebración de su ochenta cumpleaños en la residencia presidencial de Pretoria en 1998, un acontecimiento en el que también anunció el matrimonio con su tercera esposa, la mujer con la que finalmente descubriría una felicidad duradera, Graça Machel, viuda del que fuera presidente de Mozambique, Samora Machel, y ex ministra de Educación en su gobierno. Mandela organizó el viaje de Brand desde Ciudad del Cabo. Era la primera vez en su vida que subía a un avión.

Siete años más tarde sería Mandela quien volaría hasta su ciudad para visitarle. Había enviado tarjetas de felicitación a Riaan cada año desde que había salido de prisión. A medida que iba creciendo, adjuntaba notas en la que le exigía que fuera disciplinado en sus estudios. Cuando terminó la escuela, lo ayudó a acceder a un curso de buceo profesional. «Mandela siempre me decía que consideraba a Riaan responsabilidad propia», contaba Brand.

Y en diciembre del año 2005 otro accidente de tráfico. Riaan murió a los veintidós años. Christo Brand estaba en el tanatorio identificando el cadáver de su hijo cuando Mandela lo llamó para darle el pésame y decirle que quería viajar hasta allí y acudir al funeral. «Pero era al día siguiente y no pudo asistir —dijo Brand—, así que en cuanto pudo vino a visitarme a mi casa de Ciudad del Cabo.»

Conmigo también fue amable sin necesidad alguna. Le escribí una nota la semana que me marchaba de Sudáfrica, a principios de 1995, tras seis años como corresponsal. Envié la nota por fax y quince minutos después recibí una llamada de una de sus secretarias de los Edificios de la Unión preguntándome si podía comer con el presidente el jueves, dos días después. Contesté que sí. La secretaria me dijo que se trataba de una ocasión en la que habría unas cincuenta personas presentes para celebrar el cumpleaños de un viejo compañero de armas de Mandela, Yusuf Cachalia. Después me enteraría a través de Amina, la mujer de Cachalia, que Mandela la había telefoneado antes de hacerme la invitación para preguntarle si le importaba. Cuando llegó su turno de palabra en la comida se extendió en su vieja amistad con Yusuf Cachalia, pero también encontró tiempo para referirse a mí cordialmente un par de veces.

No hace falta decir que sucumbí a su encanto personal, pero me queda el consuelo de saber que no fui ni mucho menos el único de los periodistas al que le pasó lo mismo. No conozco a ningún compañero que no sintiera devoción por él, por más experiencia que tuviera o cínico que fuera. Mi amigo Bill Keller, que era redactor jefe de la oficina de Sudáfrica del *New York Times* durante mi período como corresponsal allí, que ganó un premio Pulitzer por su trabajo sobre la caída de la Unión Soviética y después se convertiría en el director del *Times*, me dijo en cierta ocasión en su despacho que ninguna de las ensalzadas personalidades políticas a las que él había conocido estaba a la altura de Mandela.

Zelda la Grange, que podía saberlo mucho mejor que nosotros, también decía que jamás había conocido a nadie comparable a él. Me contó que le encantaba su sentido del humor, que nadie de entre todos los supuestamente grandes era capaz de reírse de sí mismo como lo hacía Mandela ante los demás, «pero con gracia». Según decía, el mejor rasgo de su persona era en realidad muy simple: «Su humanidad. Su forma de ser un grandísimo ser humano. La pregunta que la gente suele hacer con más frecuencia es si es cierto que no estaba resentido y la respuesta es muy sencilla: ¡no! Nunca ha mostrado un mínimo atisbo de ello. Si hubiera estado yo en su lugar: ¡ni por asomo me hubiera comportado así! De modo que es un ser humano especial, extraordinario. Es muy generoso y eso se ve en cómo se interesa por las personas normales. Quiere saber realmente cómo les va a tu padre, tu madre o tu hermano cuando te pregunta». Zelda dijo que esa era la razón por la que lo admiraba, pero en realidad era mucho más que eso: lo amaba.

Amor, o algo muy parecido, era también lo que sentía por él John Reinders. Un año después de que Mandela abandonara la presidencia, Reinders, que continuó en el gabinete sirviendo a su sucesor, Thabo Mbeki, recibió una llamada de teléfono de su anterior jefe preguntándole si podrían él y su familia ir a comer a su casa el siguiente domingo.

Las lágrimas surcaban las mejillas de Reinders mientras me relataba cómo se presentó con su esposa y sus dos hijos adolescentes en la casa de Mandela en Johanesburgo. Esperaba formar parte de una gran reunión, pero solo estaban John, su mujer, los chicos y Mandela. «Nos sentamos a comer, pero antes de empezar Mandela se levantó y alzó su copa. No se dirigió a mí, sino a mi esposa y mis hijos. Se disculpó ante ellos por haberme hecho trabajar tanto. Dijo que les había privado con demasiada frecuencia de mi compañía como marido y padre. Después me miró, volvió la vista hacia ellos de nuevo y dijo: «Pero desempeñó sus funciones de manera excelente. ¡Excelente!».

Después de la comida, Mandela acompañó a Reinders y su familia hasta la puerta y los escoltó hasta su coche. «Se quedó allí de pie despidiéndonos con la mano con esa hermosa y enorme sonrisa hasta que nos alejamos. Todos le devolvimos el saludo.»

¿Por qué los invitó a comer y dedicó ese discurso de agradecimiento y disculpas a la esposa e hijos de John Reinders? Porque ponía en práctica en privado los mismos valores que promulgaba en la escena pública, porque en la intimidad de su casa, lejos de las cámaras de televisión, se comportaba siempre de manera generosa, respetuosa, amable y cortés sin que mediara ningún interés personal o político.

7

Lágrimas blancas

Alzar un puño supone un gesto desafiante; levantar los dos es un acto de celebración. Cuando salió de la cárcel, Mandela solo alzó uno. Cinco años y medio más tarde, tras ganar la batalla real, levantaría los dos. Comenzó su cruzada encarnando las aspiraciones de un sector de la nación con mayor división racial del mundo; cuando la completó, era reconocido unánimemente como líder de todas las razas. En ese momento triunfal había un gigante afrikáner rubio junto a él que simbolizaba el día en que Sudáfrica por fin se convertía en un solo país.

Ese hombre blanco era François Pienaar, capitán del equipo de rugby sudafricano, los Springboks. Aquel día se había despertado como el capitán de todos los afrikáners, un líder espiritual para un pueblo en el que el rugby es una religión, el individuo en el que ponían su fe, esperanza y orgullo colectivos. Al término de ese día, el 24 de junio de 1995, era un héroe más grande si cabe, pero cedía el cetro del liderazgo indiscutido a Mandela. El estadio de rugby de Johanesburgo Ellis Park, una catedral en la que hasta ese momento solo rendían culto los blancos, se transformó en un monumento de unidad nacional cuando los Springboks triunfaron al tiempo que Sudáfrica sellaba su propia victoria en el escenario político.

La final del campeonato del mundo de 1995 fue más, mucho más, que un partido. Era un acontecimiento político trascendental disfrazado de evento deportivo. Supuso el momento más feliz en la vida política de Mandela, la consumación de todos sus sueños. Fue, tal como lo definió el arzobispo Tutu, el siempre lúcido portavoz del drama sudafricano, «un momento determinante en la vida de nuestro país».

Relaté esta historia en un libro titulado *El factor humano*, que daría origen después a la película *Invictus*, dirigida por Clint Eastwood. Lo que no cuento allí son las carcajadas que propiciaron las dos conversaciones que tuve con Mandela sobre el campeonato del mundo de rugby, ni la cantidad de lágrimas que derramaron los jugadores y otros afrikáners con los que me entrevisté. Desde entonces he pensado mucho en el desafío que me lanzó uno de los jugadores, James Small: «¿Ves estas lágrimas? Son la razón por la que deberías escribir ese libro».

Cuando hablé con Mandela no se esforzó en disimular lo satisfecho que estaba consigo mismo. Era consciente de que había logrado un sorprendente acto de funambulismo sobre la cuerda floja. Cualquier otro político, cualquier otro de los buenos y honrados, habría sufrido una turbación absoluta ante la perspectiva de acoger un acontecimiento que en teoría dividiría tanto al país como el campeonato mundial de rugby, sobre todo encontrándose tan lejos de haber asegurado la estabilidad política. De Yasir Arafat solía decirse que jamás perdía la oportunidad de perder una oportunidad. Mandela, un político que veía oportunidades donde otros ni siquiera las imaginaban, se propuso la improbable tarea de transformar un deporte que durante décadas había simbolizado el odio y la división en un instrumento de reconciliación nacional.

Me cité con Mandela en su casa de Johanesburgo en agosto de 2001. Tenía ochenta y tres años, hacía dos que se había retirado de la presidencia y aunque su cabeza funcionaba perfectamente, las piernas empezaban a fallarle. En esta ocasión no se levantó cuando entré en su salón, pero su saludo fue tan efusivo como el de la entrevista que le hice tras la investidura. «¡Hola, John! ¡Hola! ¿Cómo estás? ¡Me alegro mucho de verte!» En esta ocasión también había una mujer que nos sirvió el té cuya entrada aclamó, interrumpiéndose nuevamente a mitad de una de las respuestas a mis preguntas, con la misma gratitud y cortesía que había mostrado con la señora Coetzee en los Edificios de la Unión. Esta vez la mujer en cuestión era negra.

Mandela me guiñó un ojo cuando ella salió del salón y dijo con una sonrisa cómplice: «Esa señora es familia del jefe Buthelezi». «¿En serio? —respondí yo— ¿Qué relación tienen?» «Está casada con un Buthelezi.» Le devolví una sonrisa de reconocimiento. Incluso había conseguido que aquel viejo enemigo estuviera bajo su techo ahora, con total confianza.

Empecé preguntándole cómo se le ocurrió la idea de usar el deporte como instrumento político, dado que había sido otro terreno en el que se había mantenido la división racial. El rugby, y especialmente el equipo nacional de los Springboks, siempre fue odiado por los negros en igual medida que suponía un orgullo para los blancos.

Mandela respondió que hacía tiempo que era consciente del potencial del deporte para generar un nuevo patriotismo que incluyera a todos los sudafricanos. «Cuando empezaron las negociaciones decidí movilizar a los deportistas y también al público en general, especialmente a los negros, para decirles: "Hasta ahora el deporte significaba la aplicación del apartheid en el terreno de juego, pero ahora las cosas están cambiando. Toquemos la fibra sensible de los blancos. Usemos el deporte para construir la nación y promover todas esas ideas que creemos que pueden traer la paz y la estabilidad al país."»

Pero Mandela estaba de acuerdo en que el rugby presentaba una dificultad especial. Según las normas del apartheid solo un número limitado de negros tenía permiso para presenciar los partidos y siempre en un área del estadio muy restringida. Los aficionados negros apoyaban incondicionalmente a los rivales de los Springboks, los abucheaban cuando marcaban un tanto y celebraban escandalosamente los de sus contrincantes, sin importar que se tratase de Inglaterra, Nueva Zelanda o Paraguay.

Mandela dio su beneplácito a organizar el campeonato del mundo, un movimiento perfectamente calculado como cebo para que los afrikáners fanáticos del rugby se unieran al nuevo modelo político, pero también pretendía persuadir a los negros para que cambiaran sus costumbres políticas y apoyaran a los Springboks. «Yo era consciente de que el rugby generaba furia y hostilidad entre los negros, pero decidí apelar a ellos y decirles: "Esos deportistas del rugby ya no son nuestros enemigos. Ahora son nuestros chicos. Tenemos que apoyarlos". La idea era asegurarnos el apoyo de los afrikáners. Y el rugby es una religión en el mundo afrikáner. Pero ya sabes que la respuesta fue muy negativa.»

Mandela se sonrió. Era un hombre con un punto de vanidad, algo que resultaba obvio en cuanto a su apariencia personal. Como ejemplo tenemos esas camisas coloristas y brillantes que llevaba siempre en público tras ser elegido presidente y que confeccionaban siguiendo sus directrices. Como decía su viejo amigo y biógrafo Anthony Sampson, tenía «un poco de showman y otro poco de dandy». En los cincuenta, cuando era un abogado que sobrevivía a duras penas, encargaba sus trajes al mismo sastre que el magnate de las minas más rico de Sudáfrica. Ahora me percataba por primera vez de que su vanidad se extendía a los logros políticos. Era demasiado astuto y educado para restregar sus victorias por la cara a sus adversarios políticos internos, pero por su aire de satisfacción deduje que en privado se enorgullecía de estar en posición de replicarles: «¿Veis? Os lo dije».

«Convencer a su pueblo para que apoyaran a los Springboks era un obstáculo prácticamente imposible de superar», le comenté.

«¡Sin duda! Sí, fue muy difícil», respondió esbozando una sonrisa mayor aun. Se acordó de un mitin político en el que se dirigía a sus seguidores del ANC. Tuvo lugar en un pueblo zulú, el día antes de que Sudáfrica jugara contra Francia en las semifinales del campeonato del mundo. Había miles de personas.

«¿Sabes, John? Me abuchearon. ¡Cuando les dije que esos jugadores del Springbok eran nuestros chicos, mi propia gente me abucheó!» Mandela se echó a reír. Después recuperó la compostura y describió con más seriedad lo que sucedió después.

«Luego tuve que arengarlos y les dije: «Escuchad, entre vosotros hay muchos líderes; no seáis cortos de miras, no os dejéis llevar por las emociones. Construir la nación significa que nosotros tenemos que pagar un precio, igual que los blancos han de pagar el suyo. Para ellos abrir el deporte a los negros significa pagar un precio. Eso es lo que deberíamos hacer». Y entonces los abucheos se apaciguaron. Y yo dije: «Estáis muy alterados. Quiero que los líderes que hay entre vosotros, hombres y mujeres, promuevan esta idea». Y al final, ya ves… —dijo, volviendo a reír—. Al final me gané al público.»

Se los había merendado. Para cuando acabó el mitin lo jaleaban, igual que habían hecho dos años antes en Katlehong cuando amenazó con dimitir si no aceptaban su llamamiento a la paz.

Pero lo más sorprendente del campeonato del mundo de rugby fue cómo consiguió que también los blancos lo aclamaran. Confesó que esto lo sorprendió, sobre todo porque había tomado la decisión de apoyar a los Springboks en parte como respuesta a un problema urgente. Cuando apenas se cumplía medio año de su mandato, los servicios de inteligencia descubrieron un complot de la derecha mediante el cual los antiguos partidarios irredentos del general Viljoen pretendían, según dijo Mandela, «derrocar al gobierno». No solo tenía que desactivar la trama, sino crear una atmósfera nacional en la que jamás volvieran a producirse ese tipo de complots. Ahí era donde entraba en acción el campeonato del mundo de rugby, dijo: «Con los afrikáners hay que dirigirse no solo al cerebro, sino también al corazón».

Cuando hice el trabajo de campo para un documental titulado *The 16th Man*, basado en mi libro *El factor humano*, hablé también con Koos Botha, que casi toda su vida fue el arquetipo de afrikáner de la extrema derecha. Botha era un terrorista; había puesto una bomba. Afortunadamente no murió nadie. Cuando Mandela estaba en prisión en los años ochenta y noventa, Botha trabajó como funcionario público en el departamento encargado del cumplimiento de la Ley de Actividades Separadas, la que prohibía que los negros usaran los mismos baños públicos, teléfonos, trenes o autobuses que los blancos. Durante la mayor parte de su vida fue un servidor leal del Partido Nacional, pero a mediados de los ochenta se pasó al Partido Conservador, abiertamente racista, tras llegar a la conclusión de que su tocayo, el presidente Botha, era demasiado blando con los negros. Fue elegido parlamentario por ese partido y cuando pusieron en libertad a Mandela se enfureció («Jamás pude comprender por qué no lo ahorcaron», admitió ante mí), pero su enojo pasó a mayores a principios de 1991, cuando descubrió que una escuela de Pretoria que anteriormente solo admitía a blancos iba a comenzar a aceptar a hijos de exiliados del ANC. Espoleado por su profundo sentido del deber, fue a la escuela una noche de junio y la hizo saltar por los aires.

Poco después de llevar a cabo el atentado empezó a sospechar que tal vez se le hubiera ido completamente la cabeza.

Estaba en libertad bajo fianza esperando el juicio cuando se vio incluido casi sin saber cómo en una delegación de políticos afrikáners que habían pasado repentinamente de conformar el ala dura a suavizar su postura y se les invitaba a reunirse con Mandela. «Seguramente estaba al tanto de mi pasado —recordó Botha— y, sin embargo, se mostraba respetuoso y nos hablaba en nuestra propia lengua en un tono agradable.»

Botha, intentando reprimir las lágrimas al hablar, tuvo la misma impresión de Mandela que Coetsee, Barnard y Viljoen tras sus primeros encuentros. Pero al ser un afrikáner con los pies sobre la tierra para quien los actos contaban más que las palabras, no unió sus esfuerzos a los de Mandela hasta que este dio dos pasos concretos. El primero, según dijo, fue la decisión de Mandela de convencer al comité ejecutivo del ANC para incorporar el antiguo himno nacional junto al nuevo. «Aquel fue un gesto conmovedor por su parte. Mostraba qué tipo de hombre era. Aquello era responder al respeto con respeto. Recuerdo que incluso una vez, cuando ya era presidente, estaba haciendo un mitin político y las personas presentes, en su mayoría negros, cantaban solamente el "Nkosi Sikelele". Él los detuvo y los obligó a cantar también la versión afrikáans del himno, "Die Stem". Ese tipo de gestos hicieron que perdiera mi espíritu de lucha.»

Sin embargo, lo que acabó de convencerlo fue la final del mundial de rugby. No le sucedió solo a él. Para los jugadores con los que hablé, ganar aquel partido supuso y supondrá siempre el momento más glorioso de sus vidas.

No creo que haya conocido a nadie que alabara tanto a Mandela como François Pienaar, el capitán de los Springboks. Lo conoció más de un año antes de la final del mundial. Mandela lo había invitado a tomar el té en los Edificios de la Unión. Pienaar me dijo que estaba más alterado por esa reunión que por ninguna de las melés en de las que había participado. Pero sus nervios se calmaron en cuanto entró al despacho presidencial: «Es mucho más que sentirte cómodo en su presencia —dijo Pienaar con lágrimas en los ojos—. Con él tienes la sensación de estar a salvo. Como lo estarías con un abuelo sabio y entrañable».

Pienaar no era precisamente de los que habían celebrado la llegada de Mandela a la presidencia con una alegría desmedida. Se había criado en un hogar de esos donde se votaba al Partido Nacional sin pensarlo y, aunque se hizo una idea general de los problemas políticos de su país cuando se hizo mayor, el único tema en el que pensaba seriamente era el rugby. Por más impresionado que estuviera por conocer a Mandela, no iba predispuesto a pensar como él y mucho menos a actuar en su nombre. Sin embargo, salió de los Edificios de la Unión con una clara misión: sus compañeros de equipo y él tenían que ganar el mundial por Sudáfrica y por ese anciano.

La magia de Mandela volvía a funcionar. Cuando hablé con él acerca de ese encuentro le describí al capitán de los Springboks como un rubio enorme hijo del apartheid, la viva imagen idealizada del poder afrikáner, a lo cual respondió con otra carcajada: «¡Es cierto! ¡Completamente! ¡Completamente!». Le recordé lo nervioso que estaba Pienaar antes de entrar a su despacho y se partió de la risa. Pero cuando insinué que lo había invitado a tomar el té para reclutarlo como discípulo para su causa nacional dejó de reír.

«Eso hice, es verdad —respondió—. Me concentré en alabar el papel que representaba y el que podía representar. Y le resumí lo que yo estaba haciendo con los deportes y por qué lo hacía. Obviamente, François era el capitán del equipo de rugby y si quería utilizar este deporte tenía que trabajar con él. Y me pareció un chaval muy agradable y culto. Tenía la licenciatura de derecho y fue un placer hablar con él. Era un chico extraordinario.»

Aunque no tan extraordinario como le pareció Mandela a Pienaar. Había un afecto verdadero entre ambos hombres, pero le gustara a Pienaar o no, el hecho era que Mandela lo invitaba a tomar el té porque quería «utilizar» el rugby. Pienaar y sus jugadores se dejaron usar y respondieron como a Mandela le habría gustado. Hicieron visitas de gran notoriedad a los guetos negros para instruir a los niños, alabaron la nueva Sudáfrica en público y en privado y se aprendieron de memoria diligentemente la letra de la otra mitad del himno nacional. Mandela les devolvió el cumplido haciéndoles una visita en su campo de entrenamiento a las afueras de Ciudad del Cabo, justo antes del primer partido de los Springboks en el mundial, en mayo de 1995.

«Les dije: "Jugáis contra los campeones del mundo: Australia. El equipo que gane este partido llegará hasta la final". Y después continué: "Tenéis la oportunidad de servir a Sudáfrica y unir a nuestro pueblo. Desde el punto de vista deportivo sois igual de buenos que cualquiera. Pero nosotros jugamos en casa y tenemos ventaja. Simplemente recordad que todos nosotros, blancos y negros, estamos con vosotros."»

Mandela se tomó la molestia de aprenderse los nombres de todos los jugadores antes de su visita. El más fácil de recordar era Chester Williams, el único jugador negro del equipo. Estaba allí por méritos propios; nadie le había regalado el puesto. Pero llamaba tanto la atención que era la mejor prueba de que el rugby seguía siendo un deporte para blancos. Mandela, en lugar de darle importancia, no le prestó ninguna atención especial a Williams. El mensaje que daba a los jugadores era que daba lo mismo que fueran blancos o negros, lo que contaba era que todos eran igual de válidos para representar a su país. Cuando repasó la fila de jugadores para saludarlos uno por uno, como si fuera un general inspeccionando sus tropas, a todos les emocionó que un hombre que no solo era su presidente, sino también una celebridad mundial, los reconociera personalmente. Pero había una cosa que comprendían perfectamente: el escudo de los Springboks siempre había generado hostilidad entre los partidarios de Mandela. Uno de los jugadores que formaban allí se atrevió a darle una gorra del equipo. Pienaar tiene esa imagen grabada en la mente: «Se puso la gorra inmediatamente, sin vacilación. Sin dudarlo un momento». Cuando Mandela se fue, los Springboks comprendieron que jugaban un papel en la vida de su país mucho más importante de lo que habían pensado. Sabían que en ese momento eran jugadores políticos. «Nos estaba dando un mensaje —recuerda Pienaar— y todos lo entendimos. Aquel no era un partido más.»

Mandela se había unido al viejo enemigo; ahora esperaba que el viejo enemigo se uniera a él.

James Small, que tenía reputación de ser un salvaje fuera del campo, respondió al llamamiento de Mandela con un celo digno de un converso renacido. «Era como si fuéramos sus apóstoles —decía Small—. Nos ungió con su mano y nos dijo: "Venga, vamos a intentarlo". Y nosotros lo intentamos y fuimos a por ello. Éramos sus instrumentos. Es un hombre inteligente. La energía que nos dio lo convirtió en el jugador número dieciséis. Sin él no habríamos ganado.»

Los Springboks ganaron a Australia en el primer partido del mundial y llegaron hasta la final como predijo Mandela, frotándose los ojos al ver que este también había acertado al decirles que tendrían el apoyo de la Sudáfrica negra. «Nuestros chicos» se habían convertido en los chicos de todos. La magia de Mandela había funcionado y la mañana de la final sucedió algo extraordinario.

Por primera vez desde la llegada de los primeros colonos blancos al sur de África en 1652, la población blanca y la negra tenían un objetivo común que los unía. Todo el país deseaba que ganaran los Springboks. El rival de Sudáfrica en la final, Nueva Zelanda, tenía mejor equipo sobre el papel, pero, como dijo Small, ellos jugaban con un hombre más y fue un partido de infarto.

Nadie olvidará jamás cuando Mandela salió al campo vistiendo la sudadera verde de los Springboks con el número seis de François Pienaar y la gorra. El desconcertante silencio del estadio se unía a la estupefacción de los cientos de millones que veían el partido en Sudáfrica y todo el mundo. Recuerdo lo que me sorprendió tamaño atrevimiento y que lo consideré una temeridad durante unos segundos de duda.

¿Qué pasaría si le salía el tiro por la culata? El riesgo era enorme. Al menos el 90 por ciento de las personas del estadio eran blancos. Los aficionados al rugby no eran conocidos por ser el sector más progresista de la población de Sudáfrica, sino más bien el epítome del racismo retrógrado. ¿Le dirían en la cara a Mandela «Gaan kak», una expresión afrikáner que el mismo Mandela me enseñó y tradujo por educación como «Vete al infierno»?

Ninguno de los presentes en el estadio podía creer lo que estaba viendo. Supongo que hacían lo mismo que yo, procesar el significado de esta aparición impactante, frotarse los ojos y reflexionar sobre cuál debía ser su respuesta. Ahí estaba Mandela, aquel mártir encarcelado y símbolo viviente de la resistencia negra, vistiendo de verde Springbok. ¿Qué había que hacer? ¿Darle un escarnio público? ¿Insultarlo? ¿O tal vez ignorarlo y ahorrar la energía para el momento de la verdad en que los jugadores, que permanecían en los vestuarios, saltaran al campo?

Mandela no tenía ninguna duda. De alguna forma lo sabía, conocía bien a los afrikáners, había escarbado las profundidades de sus almas. «Estaba plenamente convencido de que aparecer con esa sudadera tendría un impacto tremendo», me dijo. Aunque confesó que el alcance de lo que sucedió superó de todas formas cualquiera de sus expectativas. Lo que Mandela hizo con ese gesto fue provocar una respuesta acorde de sus antiguos verdugos. Pero más que eso, no solo le correspondieron, sino que se lo devolvieron con creces, uniéndose todos en el más extraordinario, espectacular e inesperado cántico que jamás he oído. Empezó como un murmullo silencioso y vacilante que acabó transformándose en un rugido ensordecedor. Ningún sudafricano con edad suficiente para haberlo vivido podrá olvidarlo nunca. El entrenador de los Springboks, Morné du Plessis, que antes había sido capitán del equipo y había soportado los abucheos de la afición negra sudafricana y la extranjera, capturó el momento mejor que nadie.

—Cuando salí del túnel de vestuarios —recordaba Du Plessis con los ojos enrojecidos, obviamente por las lágrimas—, me topé con ese brillante y molesto sol de invierno y al principio no sabía qué pasaba, qué coreaba la gente, por qué estaba la afición tan emocionada antes de que los jugadores saltaran al campo. Entonces reconocí lo que decían. Esa multitud de blancos, de afrikáners, coreaban al unísono, como una sola nación: «¡Nel-son! ¡Nel-son! ¡Nel-son!». Una y otra vez: «¡Nel-son! ¡Nel-son!». Y bueno, aquello fue como... —Las lágrimas surcaban por las mejillas de aquel hombretón mientras se esforzaba por encontrar las palabras adecuadas—. No creo —continuó diciendo—, no creo que jamás vuelva a vivir una experiencia como esa. Fue un momento mágico, un momento milagroso. En ese instante me di cuenta de que este país tenía una oportunidad para salir adelante. Aquel hombre les demostraba que podía perdonar, completamente, y ellos, la Sudáfrica blanca, la Sudáfrica blanca del rugby, le demostraba con su respuesta que querían devolverle el gesto, y así es como lo hacían, coreando su nombre: «¡Nelson! ¡Nelson!»

»Entonces miré a Mandela con la sudadera verde, ondeando la gorra de los Springboks, agitándola una y otra vez

161

con esa enorme sonrisa suya tan especial. Se lo veía muy contento. Era la viva imagen de la felicidad. Reía y reía y yo pensé: "Habría valido la pena solo por darle este momento de felicidad"».

Cuando lo entrevisté años después, Mandela continuaba riendo. Du Plessis y la mayoría de los sudafricanos blancos seguían llorando. François Pienaar lloró, James Small lloró. Hennie le Roux y Balie Swart, jugadores también de los Springboks, lloraron. Kobie Coetsee y John Reinders lloraron cuando les pregunté por la final de rugby de 1995. Koos Botha lloró.

También lo hizo un hombre al que nunca llegué a conocer, cuya historia me relató un amigo y jamás he olvidado. Sudáfrica ganó la final y, cuando Mandela salió al campo de nuevo para entregarle la copa de campeón del mundo al capitán de los Springboks, la muchedumbre volvió a rugir con más ganas incluso: «¡Nel-son! ¡Nel-son! ¡Nel-son!». Mi amigo estaba en el estadio sentado junto a un grupo de afrikáners de caricatura con barrigas cerveceras, pantalones y camisa caqui, réplicas de los *bitter-enders* que dos años atrás había visto emplazando al general Viljoen a liderarlos en la lucha por la liberación blanca. Ahora, gritaban el nombre de Mandela al unísono con todas sus fuerzas, todos menos uno, que estaba demasiado emocionado para unirse a ellos. Con lágrimas surcando sus mejillas, musitaba una y otra vez para sí: «Ese es mi presidente… Ese es mi presidente…».

¿A qué venían esas lágrimas? Yo creo que desvelaban el interior sensible y susceptible que siempre hubo bajo la fachada huraña del afrikáner; creo que eran efecto de la liberación de la culpa, esa culpa que todos los afrikáners compartían, según Zelda la Grange. Mandela no solo redimió a la Sudáfrica negra de la tiranía; también redimió a la Sudáfrica blanca de sus pecados. El mundial de rugby de Sudáfrica fue a la vez una competición deportiva, un acontecimiento político y ceremonia religiosa, y Mandela actuó como el alto sacerdote que dispensaba la absolución en nombre de su pueblo. No solo en el estadio se derramaron lágrimas. En los salones de las casas y en los bares de toda Sudáfrica hubo lágrimas de arrepentimiento, gratitud y alivio. Este acto de expiación, el pacto que Mandela ofrecía implícitamente y que ellos aceptaron, era que lo reconocieran como líder legítimo y que mediante ese homenaje que le rendían reconocieran a todos los negros sudafricanos como compatriotas en igualdad de derechos. Mandela ofreció a la Sudáfrica blanca la mano de la fraternidad y ellos la aceptaron. Al hacer esto se liberaban a sí mismos, como dijo el terrorista arrepentido Koos Botha. «Libres de la culpa —dijo—, libres del miedo, libres del pasado, libres para vivir con la conciencia tranquila desde ese momento.»

El punto álgido sacramental de la ceremonia llegó cuando Mandela entregó la copa a Pienaar y ambos lo celebraron juntos, alzando los brazos con una euforia que compartían los sudafricanos de todos los colores. «Pienaar era nuestro capitán, pero Mandela, bueno, Mandela era más que nuestro presidente —dijo Koos Botha—. Era el líder de nuestro pueblo. Era el rey de Sudáfrica… ¡Pensar que queríamos nuestro propio "Estado de Israel"! ¡Y luego resulta que es Mandela quien nos ofrece ese Estado de Israel!»

Mandela y Pienaar tuvieron un breve intercambio de palabras durante la entrega del trofeo. Es una pena que nadie lo oyera en aquel momento. Más tarde supe que Mandela dijo a Pienaar: «Gracias por lo que habéis hecho por nuestro país», y Pienaar, con una claridad mental inmensa, contestó: «No, señor presidente. Gracias a usted por lo que ha hecho por nuestro país». Mandela nunca había estado tan eufórico, ni siquiera el día que salió de prisión. Era el día más feliz de su carrera política y seguramente el más emocionante de toda su vida.

«Estaba tan tenso —dijo riendo, complacido por el recuerdo de los sucesos de aquel 24 de junio de 1995 en Ellis Park— que no paraba de mirar el reloj, pensando: —¿Es que esto nunca acabará?—. Me parecía que iba a desfallecer.» Y luego, cuando acabó el encuentro, ¿cómo reaccionó? «Bueno —comenzó, pero le entró un ataque de risa que le impedía continuar la frase. Se recompuso y continuó—: ¿Conoces a Louis Luyt?»

Yo sabía quién era Louis Luyt. Era el presidente de la federación sudafricana de rugby, un afrikáner gruñón que no hizo las paces con la nueva Sudáfrica de Mandela hasta última hora y a regañadientes.

«Bueno —continuó Mandela, todavía esforzándose por controlarse—, pues cuando sonó el pitido final y habíamos ganado, Luyt y yo… simplemente… de repente… ¡Nos dimos cuenta de que estábamos abrazados! —exclamó haciendo el gesto de abrazar a alguien—. Louis Luyt… y yo… ¡abrazándonos!»

Ninguno de los sudafricanos negros con los que hablé de la final del mundial de rugby derramaron lágrimas. Igual que Mandela, todos ellos sonreían y la mayoría reía a carcajadas. Las elecciones del año anterior supusieron la victoria que siempre habían esperado; la ceremonia del partido de rugby la certificaba. Las dos veces que hablé con el arzobispo Tutu, un hombre que encuentra razones para reír prácticamente en casi todo, pensé que se moriría de la risa.

«Amigo, esa victoria hizo por nuestro país mucho más que ningún sermón que pueda dar un arzobispo —dijo—. ¿Quién habría imaginado que vería a la gente bailando en las [calles de Soweto? ¿Por] ganar un partido de rugby? ¿Por una [...]ks? ¡Venga ya, hombre! ¡Pero sucedió! [...] un tipo negro, un presidente negro al [que todos l]os blancos consideraban el enemi[go...]!» Tutu prácticamente deliraba de in[...] Vamos, si cualquiera hubiera vaticina[do... hubier]a dicho que pasaría aquello te habrían [... ¿No ha]s visitado a algún psiquiatra?". Por[... ment]e inimaginable, que una multitud [... de blanco]s gritara a pleno pulmón "¡Nelson! [... ded]icado a un hombre negro, aclamando [... algo] que había pasado veintisiete años en [... no podí]a ser verdad. ¡Pero sucedió!»

[...]era dicho cuando llegué a Sudáfrica seis años antes de la final que el sector más recalcitrante de la población blanca se pondría en pie en un estadio de rugby a corear el nombre de Mandela, yo y cualquier otro sudafricano le habríamos dicho que estaba loco.

Koos Botha captó la perspectiva histórica de aquel momento: «Usted sabe que nos criamos sin tan siquiera mezclarnos con los negros. No nos tocábamos, no nos abrazábamos, pero aquel día… A eso me refiero al decir que nos liberó. Nos abrazábamos unos a otros y nos decíamos: «¡Qué espectáculo más grande!».

Mandela no tomó parte en las celebraciones de aquella noche. Prefirió seguir esas escenas de júbilo desde el televisor de su casa. «¿Qué puedo decirle? No me esperaba aquello. ¡No me lo esperaba! La gente lo celebraba en todas partes, en Soweto, en Katlehong, en el Transkei, en Houghton.» Su humildad natural le prohibía reclamar todo el mérito por los acontecimientos de aquel día, pero la risa lo delataba. «Estaba encantado. Plenamente satisfecho. Sí, fue un día para el recuerdo.» Y sí, era el momento más indicado para desvelar lo que sentía personalmente, recordando un instante cuyo sabor perduraría hasta el día de su muerte. Jamás alcanzó un logro mayor que ese. Ya que para Mandela nada era comparable a lo que había conseguido: servir de inspiración a una nación para que mostrara lo mejor del ser humano.

8

Magnanimidad

La última vez que estuve con Mandela fue en diciembre de 2009 y en esa ocasión pasé una hora con él en su casa de Johanesburgo. Tenía noventa y un años. Fue un encuentro agridulce porque sabía que no volvería a verlo, pero también porque él vivía entre brumas y era obvio que llevaba así algún tiempo. Estaba perdiendo la memoria a corto plazo y la cabeza solo le funcionaba a ratos.

Dos policías uniformados me franquearon el paso en la verja de entrada. Se había trasladado a otra casa del mismo barrio desde la última vez que lo había visitado. Esta era más pequeña y tenía menos luz. Entré en un amplio salón y lo encontré sentado a la cabecera de una larga mesa, dándome la espalda. Tenía el pelo blanco y ralo. Sería la una de la tarde y fuera hacía mucho sol, pero aquella espaciosa estancia estaba medio a oscuras y él completamente solo, quieto como una estatua. Me habían dicho que apenas podía caminar y que había días en los que no se levantaba de la cama. En la casa reinaba un silencio como de iglesia y cuando me acerqué a él me sentí desconcertado al pensar que aquella vez la

167

esfinge no cobraría vida, que estaría perdido en la niebla de su edad avanzada.

Incapaz de levantarse, volvió los hombros con rigidez hacia mí y esbozó su vieja sonrisa radiante. Me tendió la mano, igual de enorme y curtida como la recordaba de nuestro primer encuentro diecinueve años antes, y dijo: «Hola, John. ¿Cómo estás?». Zelda la Grange, su fiel asistente personal, había mencionado mi nombre al presentarme, así que aunque quise creer que me había reconocido, no podría asegurarlo.

Tenía ante sí un plato con carne picada intacto. Se olvidó de mí y bajó la vista hasta el tenedor, como si se debatiera ante el desafío de llevárselo a la boca. Llevaba puesta una de sus famosas camisas brillantes con tonos marrones y dorados. Su rostro estaba más consumido y enjuto que la última vez que lo había visto. Su complexión era más delgada y quebradiza, pero no se dejaba caer hacia la mesa como se esperaría de alguien de su edad. Conservaba un cuello fuerte y la cabeza erguida como siempre, sin traicionar su porte. No parecía preocuparle ni molestarle tener visita, pero se lo veía confundido. Pasaron dos o tres minutos desde mi bienvenida sin que dijera palabra, tal vez más. Era muy incómodo y me pregunté, no por primera vez si mi ansiado encuentro con Mandela sería una decepción.

Zelda ayudó a reanimarlo un poco: «¡Vamos, khulu, come ya! —dijo—. Vamos, khulu, necesitas comer algo». Recordé que le gustaba bromear con que las mujeres siempre querían mangonearlo e hice un chiste sobre ello en voz alta, cerca de su oído, ya que había perdido audición. Esbozó una tímida sonrisa, rio débilmente y dijo: «Sí, es verdad. Muy cierto».

Había conseguido conectar con él, pero fue un triunfo pasajero. Volvió a apagarse de nuevo y estuvo ausente durante un rato, lo que me dio la oportunidad de reflexionar, igual que hago ahora, sobre la razón por la que el hombre junto al que tenía el gran privilegio de sentarme había sido la figura política más importante de su tiempo. Conservo algunas notas que garabateé con frenesí inmediatamente después de aquel último encuentro, cuando iba camino del hotel. Entre otras cosas anoté algunas palabras que recordaba vagamente de un discurso que ofreció en la convención anual del Partido Laborista británico en el año 2000. Se dirigía a un enorme auditorio y dijo: «Veo aquí hombres y mujeres que son válidos candidatos a la inmortalidad. Cuando llegue su último día, él o ella podrán decir que han cumplido con su obligación para con su país y su pueblo. Nosotros enterraremos sus cuerpos, pero sus nombres pervivirán durante toda la eternidad». Todos los presentes sabían que aquellas palabras funcionaban mejor como premonición de su propio epitafio.

Viéndolo allí sentado con la mirada perdida sobre su almuerzo intacto, no había mucho que recordara al hombre que había doblegado la voluntad de toda una nación y había convencido a los blancos y negros de Sudáfrica de que abandonaran sus impulsos de venganza y sus miedos, al hombre que les había hecho pensar de manera diferente. Era un gran seductor, o un excelente vendedor, como otros lo han descrito. Pero sobre todo era un líder que cumplía con su misión. No hacía caso a los sondeos de opinión, ni intentaba complacer el cambiante humor del público. Poseía unos valores fijos: la justicia, la igualdad, el respeto para todos. Tenía un objetivo definido: acabar con el apartheid y establecer en su país un sistema de votación en el que participaran todos. Y salió de la cárcel con una idea clara sobre cómo conseguirlo: reconciliándose con los viejos enemigos y forjando una paz duradera entre ellos.

Como he intentado exponer en este libro, Mandela se ganaba a todo aquel a quien conocía. Lo hizo conmigo y con el resto de la prensa, con sus antiguos seguidores, con los altos funcionarios del Estado que lo había encarcelado, con aquellos que habrían querido verlo ahorcado en lugar de encarcelado, y lo culminó todo en el mundial de rugby cuando cautivó los corazones de todos y cada uno de los sudafricanos.

¿Cuáles eran los ingredientes para que nadie, ni siquiera la reina de Inglaterra o el presidente de Estados Unidos, pudiera resistirse a sus encantos?

Lo primero es que siempre se presentaba ante todos como un hombre de una integridad inquebrantable y nunca traicionaba esa impresión inicial. La clave está en su constancia. La integridad debe medirse en términos de coherencia entre los valores que uno expone y el propio comportamiento en todos los aspectos de la vida. Mandela era un hombre sin dobleces. Decía que era generoso y se mostraba como tal, mucho más allá de cualquier necesidad política o interesada. Ya se tratara de sacar tiempo para asistir a la fiesta de cumpleaños de un viejo camarada en un momento en que sus obligaciones en la presidencia consumían cada minuto del día, o viajar al otro lado del país para visitar a un antiguo carcelero cuyo hijo acababa de morir.

Lo segundo es que Mandela trataba a todo el mundo con respeto. Eso, aderezado con la sugestión de los cumplidos y espolvoreado con un poco de cortesía, le daba alas en su camino. Se mostraba respetuoso con todo el mundo, independientemente de su posición social. Lo mismo daba que tratase con la realeza, con jefes de gobiernos extranjeros, con los generales que planificaban una guerra contra él, con jardineros, azafatas, desempleados o incluso periodistas.

Recuerdo que en abril de 1994, cuando apenas quedaban tres semanas para las primeras elecciones democráticas de Sudáfrica, pero todavía no sabíamos si conseguirían celebrarse, Mandela concertó un gabinete de crisis en un parador de cazadores escondido en el Kruger Park. El presidente De Klerk y él se esforzaban en convencer a Buthelezi de que abandonara la lucha, negociara y participase en las elecciones. La reunión duró horas y horas, mucho más de lo programado, hasta que a las dos de la madrugada tuvo lugar la tan esperada rueda de prensa. No había mucho que Mandela y el resto pudieran decirnos, ya que la reunión había sido un fracaso estrepitoso. Aun así, cuando comenzó la rueda de prensa lo primero que hizo fue disculparse ante los sufridos periodistas por el retraso. Se inclinó sobre una reportera que conocía, Debora Patta, y le dijo: «Debora. Estoy muy preocupado. ¿Has comido algo».

Mandela tenía carisma. Inspiraba respeto y admiración. Tony O'Reilly, empresario irlandés y el hombre cuyo mayordomo asistió a la investidura de Mandela, lo definió mejor de lo que podría hacerlo yo: «Tenía la nobleza verdadera que da la naturalidad y no era consecuencia de un esfuerzo mental consciente. Los americanos habrán escrito cuarenta tesis doctorales y más libros de autoayuda que analizan los atributos necesarios para imponer tu personalidad, hacer amigos e influir en la gente. Pero Mandela es un líder natural. Posee una tremenda confianza en sí mismo. Siempre está convencido de caerle bien a la gente. Tiene la absoluta certeza de ello y, cuando tienes esa seguridad, desprendes unas vibraciones que llamamos carisma. Cuenta con un antivirus en su sistema que lo invita a creer que les parece simpático a todos». Por desgracia para los escritores de tesis doctorales y manuales de autoayuda ese carisma de alto voltaje es algo con lo que se nace, o en algunos casos se aprende de pequeño. Como señalaba O'Reilly, solo puede ser algo natural.

Walter Sisulu lo descubrió tras su primer encuentro con Mandela en 1946. Él era un enlace sindical seis años mayor y con una década de experiencia en la lucha política negra; Mandela solo un joven recién llegado a Johanesburgo desde la pequeña ciudad de Transkei que apenas había pensado en la política. Pero Sisulu quedó impresionado por la serenidad y el brillo inusitados que desprendía ese chico. «Me llamó la atención más que ninguna otra persona que hubiera conocido —me contó Sisulu—. Esa forma de comportarse, su calidez... Estaba buscando a personas con una categoría suficiente para ocupar posiciones de liderazgo y él cayó como llovido del cielo.» Sisulu lo reclutó para la causa de la liberación al momento, pero confesó que no sabía si serviría para ello. En cuanto al propio Mandela, solía bromear cuando estaba en prisión y hasta mucho tiempo después con que si no hubiera conocido a Sisulu se habría ahorrado un montón de problemas en la vida.

Y, por último, Mandela poseía una extraordinaria empatía. Como herramienta de liderazgo, la empatía vale el doble que cualquier otra, porque combina la generosidad con la habilidad de sacar réditos políticos. Mandela interiorizaba los miedos y aspiraciones de sus enemigos, les dejaba claro que los comprendía y al ser capaz de ponerse en su piel conseguía ganarse su gratitud y estima, al tiempo que les tomaba la delantera en las negociaciones. Los líderes afrikáners con los que pactó sucumbieron a su embrujo, pero nunca fueron capaces de comprender su forma de pensar como él entendía la de ellos. Niel Barnard lo reconoció implícitamente cuando hablaba de ese «instinto prácticamente animal para reconocer los puntos débiles de las personas y tranquilizarlos».

Estas cuatro cualidades —integridad, respeto, carisma y empatía— son la razón por la cual Mandela conquistaba las mentes y los corazones de todo el que lo conocía. No obstante, la transformación de esos atributos en éxito político es algo que se debe solo a la racionalidad con la que pensaba. Que los admiradores que tiene en todo el mundo hablen tanto de su generosidad de santo y su ausencia de amargura, aunque estas cualidades sean ciertas, puede oscurecer un factor mucho más importante a la hora de conocer a Mandela: era, como expuso brillantemente el escritor detrás de su autobiografía, Richard Stengel, «el más pragmático de los idealistas». Si hubiera considerado que el camino más efectivo para acabar con el apartheid era la violencia, no habría dudado en tomarlo, como hizo anteriormente. En prisión tuvo tiempo para reflexionar sobre una forma mejor de conseguirlo, además de llegar a conocerse a sí mismo lo suficiente para comprender que la búsqueda de la paz iba más en consonancia con su temperamento y sus aptitudes.

Mandela tenía los pies en la tierra, sabía cuál era su objetivo y cómo alcanzarlo. Era demasiado consciente de los azarosos vuelcos que moldean la vida humana para atarse inflexiblemente a los implacables dogmas de la ideología. No permitía que los sueños utópicos o las emociones del momento enturbiaran su visión política. No era un romántico, ni mucho menos un fanático, sino un hombre sagaz, alejado de todo sentimentalismo. Era astuto, o como me dijo un embajador británico que lo conocía bien, «mucho más zorro» de lo que la mayoría imaginaba. Poseía unos principios básicos que no pensaba traicionar. Rechazó, por ejemplo, la oferta de libertad condicional que el presidente Botha le hizo en 1986, por más seductora que le pareciera personalmente. Aceptar la renuncia al uso de la violencia para acabar con el apartheid habría significado traicionar el principio según el cual solo los hombres libres pueden negociar. Una vez liberado se negó a aceptar la propuesta que le hizo el presidente De Klerk al inicio de las negociaciones para construir una democracia sui géneris en la que los votos de los blancos contarían más que los de los negros. Para alcanzar sus objetivos pactó con multitud de diablos: Botha, Barnard, De Klerk, Viljoen, Buthelezi, incluso con el responsable de las fuerzas de defensa del apartheid, el general Georg Meiring, a quien mantuvo en el cargo cuando fue nombrado presidente.

La relación cordial que tenía con un individuo considerado en todo el mundo como alguien especialmente demoníaco provocó consternación entre los gobiernos occidentales. Ignorando los llamamientos que le hacían desde Estados Unidos y Gran Bretaña entre otros países, renunció a abandonar su amistad con el dictador libio Muamar el Gadafi. Para él se trataba de una mezcla de principios y pragmatismo. Cuando Mandela fue puesto en libertad y los otros líderes del ANC regresaron del exilio, necesitaban dinero urgentemente para pagar el alquiler de las nuevas oficinas, las facturas de los servicios y el salario del personal. Ahí fue donde entró Gadafi. Por lo que a él respectaba, el ANC estaba luchando contra la tiranía y lo importante era la lucha en sí, no la procedencia del dinero que usaran para combatir el apartheid.

Mandela creía que era una hipocresía que las potencias occidentales lo atacaran por no renunciar a Gadafi cuando ellos mismos habían pactado con él en el pasado reciente. Además de esto existía un principio de lealtad. Mandela había apoyado a sus antiguos carceleros hasta mucho después de necesitarlos; lo mismo haría con Gadafi. Y si a alguno le parecía mal, «que se fuera a tomar viento», como dijo en una famosa rueda de prensa junto a Bill Clinton, en favor del cual hay que decir que se partió de la risa.

Un problema mucho mayor que Gadafi supuso Winnie, su segunda esposa. Y no solo en lo personal. El momento en que tuvo que encargarse del papel político que jugaría ella en la futuras elecciones, cuando su relación continuaba agriándose, supuso una prueba de fuego para su habilidad de anteponer el autocontrol pragmático a los sentimientos. Según el sistema electoral de representación proporcional que establecía la nueva Constitución, cada partido político tenía que realizar una votación interna para decidir quién podía ser elegido parlamentario. Era prácticamente un concurso de popularidad del ANC. Mandela sacó más votos que nadie y fue elegido número uno. Winnie salió elegida en sexto lugar. Pregunté a Mandela en una rueda de prensa celebrada en enero de 1994, justo después de que se hicieran públicos los resultados, cómo era posible que una mujer condenada por raptar a un niño ocupara un puesto tan alto en las listas de una organización comprometida con los derechos humanos como era el ANC. Junto a Mandela había sentados otros seis líderes. Recuerdo cómo uno se tapó la cara con las manos y los otros me miraron como si estuviera completamente loco. Winnie era un tema tabú, incluso entre ellos.

Mandela reconoció mi punto de vista, asintió con vehemencia y contestó: «Puede que a algunos no les guste, pero existe un principio de responsabilidad democrática que está por encima de los deseos de ciertos líderes del ANC». Se trataba de una respuesta convincente que permitió a aquellos líderes sentados junto a Mandela respiraran con tranquilidad. Cuando acabó la rueda de prensa, Mandela me buscó. Era tan consciente como yo del pequeño momento de tensión que habría provocado, pero no lo mencionó, sino que se limitó a estrecharme la mano, dedicarme su enorme sonrisa y preguntarme si había disfrutado de la Navidad con mi familia. Su instinto para tender puentes había entrado en acción. No tengo razón alguna para dudar que le importara poco cómo había pasado las Navidades, pero también era una forma de mantener a un periodista de su parte. Pragmatismo, una vez más.

La política no es un terreno donde la higiene moral resulte indemne y ese era el terreno que él habitaba. El éxito de su misión dependía de elaborar pactos y crear compromisos. Ambas partes ceden para que todos salgan ganando. Es una lección que los israelíes y los palestinos han sido incapaces de aprender en sus incontables intentos de negociación desde los tan aclamados Acuerdos de Oslo. Mandela aplicaba ese principio no solo en las negociaciones con el enemigo, sino también en el ejercicio de la ley. Los autores de lo que las Naciones Unidas catalogaban como crímenes contra la humanidad tendrían que haber acabado en la cárcel según la noción de justicia más elemental. Si Mandela fue encarcelado durante veintisiete años, Botha, Barnard, incluso De Klerk, así como todos los altos mandos de la policía y el ejército tendrían que haber entrado en prisión. Pero Mandela sabía que hacer eso supondría arriesgarse a una reacción que pondría en peligro la estabilidad de la nueva democracia.

De modo que en vez de eso, cuando fue elegido presidente, creó la Comisión de la Verdad y la Reconciliación, que ofrecía la amnistía a todos los criminales del apartheid a cambio de la confesión de sus delitos. Dicho de otro modo: catarsis en lugar de venganza. Mandela comprendía que, como dijo Voltaire, «lo perfecto es enemigo de lo bueno», que si te obcecas en obtener lo mejor con la determinación de alcanzar simplemente tu ideal de perfección es muy probable que fracases en tu objetivo y corras el riesgo de que la paz se convierta en guerra. Subyace a esto un serio análisis sobre los objetivos que se podían alcanzar, teniendo en cuenta su poder y el de sus rivales. Como dijo en una ocasión después de ser elegido presidente: «La reconciliación es una estrategia basada en el realismo, ya que ninguno de los que fueron enemigos vence al otro».

La noción que Mandela tenía del realismo se extendía a su negativa a aceptar el papel protagonista en el éxito de la transición de Sudáfrica. Solía insistir en que la decisión de optar por una ruta pragmática sacrificando el concepto de justicia perfecta era una decisión colectiva. Se obstinaba en reclamar la importancia de los otros líderes del ANC, mostrándose especialmente enérgico en un artículo que escribió para el *Johannesburg Sunday Times* en febrero de 1996 en respuesta a un editorial de la semana anterior en el que el rotativo atribuía el milagro de Sudáfrica a Mandela, sin olvidar mencionar su gentileza y generosidad.

«Permítanme que admita, aunque solo sea para enfatizar mi lado humano y que tengo tantos fallos como el que más, que esos elogios me halagan —escribió Mandela—. Se agradece sinceramente el cumplido, siempre que no presente al presidente como un superhombre y dé la impresión de que el ANC, con sus miles de líderes y millones de seguidores, es simplemente la rúbrica oficial de mis ideas; y que los ministros, expertos y demás, son todos seres insignificantes que actúan bajo el influjo mágico de un solo individuo.»

Mandela, por supuesto, no trabajaba solo. Su fuerza procedía de esos millones de seguidores y no habría llegado allí sin los argumentos y opiniones de los talentosos estrategas junto a los que lideraba el ANC. La política del ANC consistía en negociar, buscar la reconciliación y perdonar, y su principio fundamental siempre fue lo que llamaban «no-racismo». Pero el ejecutivo nacional del ANC, algunos de cuyos miembros conozco bien, nunca habría podido hacer llegar sus políticas con el mismo éxito sin ese líder al que todos reconocían como el primero entre sus pares.

En el comité ejecutivo nacional del ANC había un debate democrático libre, pero hasta cierto punto. El estilo de liderazgo de Mandela podía ser imperioso. El truco que usaban los más astutos en esas reuniones era dirigir sus argumentaciones directamente a Mandela y adentrarse sutilmente en sus razonamientos mediante el estudio atento de sus estados de ánimo y la comprensión de aquellos temas en los que no estaba dispuesto a ceder. Al final, todas las decisiones a las que se llegaba en esos debates tenían el sello personal de Mandela.

En cuanto al «no-racismo» del ANC, el principio sobre el que se construía toda estrategia, Mandela me dijo la primera vez que lo entrevisté, antes de llegar a la presidencia, que los africanos eran muy bondadosos y tenían buena disposición hacia el hombre blanco por naturaleza y que la política del ANC era una expresión de esos sentimientos. Sin duda, en mi experiencia como hombre blanco cuando iba a los guetos negros, muchas veces en tiempos de extrema violencia, la gente casi siempre me trató según los méritos de mi comportamiento y no en función del color de mi piel. Sin embargo, también era cierto que antes de que Mandela fuera

encarcelado existía una organización rival llamada Congreso
Pan-Africano (PAC) que amenazaba con captar el apoyo de
la mayoría del pueblo negro. El eslógan del PAC, opuesto al
no-racismo, era «un colono, una bala». Si el PAC hubiera tenido un líder tan poderoso como Mandela era en 1990, la
historia de Sudáfrica podría haber sido muy diferente. Si la
naturaleza más gentil de los sudafricanos negros prevaleció
sobre sus impulsos de venganza fue en gran medida porque
Mandela conseguía de ellos lo mismo que de los blancos:
hacer que sacaran lo mejor de su interior. Fue Mandela quien
inclinó la balanza del lado de la paz.

La verdad es que, por más que Mandela protestara, fue
realmente el hombre indispensable de Sudáfrica. Como decía
el arzobispo Tutu: «Sin él no lo habríamos conseguido».

¿Han sido capaces de conseguirlo sin él desde que se retiró de la política en activo? El ANC, que sigue en el poder
dos décadas después de que Mandela fuera elegido presidente, tiene muchas cosas de las que lamentarse. Sus sucesores,
Thabo Mbeki y Jacob Zuma, siempre han vivido a la sombra
de Madiba, pero existe la sensación general de que podrían
haber gobernado mucho mejor. Sudáfrica escala puestos todos los años en los ránkings de corrupción global, las estadís-
ticas sobre crímenes son impactantes y el gobierno ha fraca-
sado estrepitosamente al abordar los problemas de salud,
vivienda, educación y delincuencia. Tales decepciones son
lamentablemente el pan nuestro de cada día en todas partes.
Sería infantil, además de poco histórico, pensar que el ejemplar
episodio que vivió Sudáfrica bajo el mandato de Mandela
supondría un progreso inexorable hacia una utopía ilusoria.

Argumentar que su nombre queda mancillado en retrospectiva por el cinismo o la incompetencia de aquellos que le sucedieron también sería un error.

Mandela realizó la labor que sus tiempos exigían y, mucho más allá del ejemplo político y moral que transmite, dejó un legado que todos los sudafricanos deberían agradecer. Evitó una guerra civil y construyó una democracia que permanece tan estable como sana en su esencia, por más problemas a los que deba de enfrentarse. Las cosas pueden cambiar, a mejor o a peor. Pero hoy Sudáfrica es un país en el que se respeta la libertad de expresión, donde el poder judicial mantiene su independencia, donde han seguido habiendo elecciones incuestionablemente libres y justas.

También gracias en buena parte a Mandela, Sudáfrica es hoy un país cuya vida política no se define según la raza, como pasaba cuando llegué allí en 1989. Sigo viajando a Sudáfrica con asiduidad y creo que, teniendo en cuenta el persistente tribalismo residual de la población, es un país en el que las relaciones diarias entre blancos y negros son igual de simples o complejas que en cualquier otra parte del mundo, incluyendo los Estados Unidos, donde viví durante casi cuatro años tras mi estancia en el país africano. El mérito es sobre todo de la población negra, que Mandela definió correctamente como personas que carecían de resentimiento racial. Pero también él tiene parte de culpa. Una vez que fue elegido presidente se convirtió en el líder de todos los sudafricanos. En el año 2007, cuando inauguraron la estatua de Mandela en la plaza de Parliament Square en Londres junto a las de Abraham Lincoln y Winston Churchill, recuerdo que leí un pie de foto en un periódico británico en el que lo describían como un líder negro. Aquello me dejó pasmado. El adjetivo me pareció tan fuera de lugar como si hubieran usado «blanco» para describir a Lincoln o Churchill. Me percaté entonces de que hacía mucho tiempo que había dejado de considerar a Mandela como alguien perteneciente a un grupo racial definido.

¿Es mi admiración por Mandela demasiado efusiva? ¿Defiendo demasiado su legado? A veces me hago esa pregunta. Hay un buen número de personas muy inteligentes que se niegan a sucumbir a lo que ellos consideran «el mito de Mandela». Tengo una respuesta simple para sus escasos detractores, la misma que me doy a mí mismo cuando dudo por un instante. ¿Quién soy yo, o cualquiera, para cuestionar la grandeza de Mandela cuando personajes como Constand Viljoen y Niel Barnard, que en su día fueron los mayores radicales de la extrema derecha del planeta, cayeron a sus pies? Es un héroe para ellos, como lo es prácticamente para todos los sudafricanos, como lo es y será siempre para el mundo entero. Y más aun hoy, cuando estamos tan faltos de héroes, al menos en el ámbito político.

Lucy Hugues-Hallet examina en su excelente libro *Héroes* una serie de figuras legendarias entre las que se incluyen a Aquiles, Garibaldi, Ulises y El Cid. Mandela no está entre ellos, pero la autora sí menciona que «su imagen se acerca más que ninguna otra figura pública del pasado reciente al antiguo ideal del héroe». Continúa diciendo que lo que tienen en común todos los héroes verdaderos es que son «seductores y enérgicos», que «fascinan y son geniales», que tienen «coraje, integridad y sienten desdén por las convenciones restrictivas que rigen las vidas de la mayoría no heroica». Mandela, el preso que se convirtió en redentor, se ajusta perfectamente a esa descripción.

Hace poco di con una definición de liderazgo del difunto novelista estadounidense David Foster Wallace que podría haber sido escrita para referirse a Mandela: «Un líder de verdad es alguien que nos puede ayudar a superar las limitaciones de nuestra pereza individual y de nuestro egoísmo y debilidad y miedo y lograr que hagamos cosas mejores, y más difíciles que las que podemos hacer por nosotros mismos».

Lo que Mandela no consiguió fue sacar lo mejor de su propia familia. Él se veía antes que nada como un instrumento de los demás, como un servidor del pueblo sudafricano. No se trataba de retórica vacía, como demostraría el paso de los años. Antepuso su misión política a cualquier otro aspecto de su vida y pagó un alto precio en lo personal. Pero creo que acabó sus días pensando que había merecido la pena. Al menos esa fue la impresión que me dio cuando salí de aquel último encuentro en su casa, ya que llegó un momento en el que Mandela, casi místicamente, acabó volviendo en sí.

Llevaba un rato intentando darle esa chispa que le faltaba a su viejo cerebro para ponerlo en marcha, pero él continuaba allí sentado, sereno y ausente. Hasta que mencioné el nombre de una persona a la que he llegado a admirar más de lo que jamás habría imaginado la primera vez que lo vi. Era un hombre que por accidente o por fortuna había nacido en un país determinado, en un momento determinado, con un color de piel determinada, pero al que Mandela, dentro de esos estrechos límites, consideraba una persona verdaderamente íntegra. Porque Mandela comprendía, y este es otro de los secretos de su éxito, que nadie nace siendo malvado y que los estereotipos nacionales o raciales son mentiras peligrosas. La persona que nombré era el general Constand Viljoen. «Ah, sí —respondió Mandela, iluminándose súbitamente su mirada—. El militar.» Emocionado, animado a seguir esa senda, mencioné el nombre de Niel Barnard. «¡Sí, sí!», susurró. Luego nombré a Kobie Coetsee. «Ah, sí… muy bien.» Hasta ese momento me había sentido como alguien que va a una cueva a visitar a un anciano monje en busca de su sabiduría, pero este se encontraba en un trance del cual parecía no despertar nunca. Y de repente, Mandela lo hizo.

Oír hablar de sus viejos enemigos afrikáners lo reactivó. Lo veía pensar, hurgar en su pasado. Empezó a articular oraciones con una voz débil pero segura. Apenas unas frases, pero suficiente para alumbrar la parte más importante de su hazaña: «Mi gente decía que tenía miedo —comenzó diciendo—. Decían que era un cobarde porque tendía la mano a los afrikáners. —Hizo una pausa, intentando recordar cómo reaccionó él—. Pero yo no entré en ese debate. No les presté atención. Sabía que hacía lo correcto. Sabía que ese era el camino de la paz. Y pasado un tiempo comprendieron que tenía razón. Vieron los resultados. Habíamos conseguido la paz».

Ahí estaba. Esa osadía y visión que había mostrado al dialogar con los afrikáners del Estado del apartheid por la cual había recibido las rotundas críticas de los suyos. Y también estaba ahí esa obstinada convicción de que la única forma de alcanzar su objetivo y evitar un baño de sangre era aliarse con sus viejos enemigos. Y efectivamente, al final todos comprendieron que estaba en lo cierto. Desterró el apartheid con gentileza y dio a luz a un país que encontró la paz.

Mandela dejó de hablar tan repentinamente como había empezado, pero comenzó al fin a picar algo de su comida. Ese destello imprevisto sería, sin embargo todo, cuanto podría sacarle. Durante el resto de nuestro encuentro concentró los esfuerzos restantes en el desafío de alimentar su frágil cuerpo. Continué hablando por los codos resueltamente sin conseguir mucha respuesta hasta que nos despedimos. Mandela alzó la vista, me obsequió esa sonrisa suya como regalo de despedida y me marché.

Aunque fue triste despedirme de él, también era un momento para agradecer la extraordinaria buena suerte y el privilegio que tuve al conocerlo un poco y estar expuesto a su luz durante una parte de mi vida.

¿Qué había aprendido de él? Muchas cosas, pero dos destacaban entre el resto. La primera, cuál es el mejor de los valores humanos. Mi único hijo se llama James Nelson en honor a mi padre y a Mandela, y desde que aprendió a hablar he intentado enseñarle que lo más importante en la vida es ser generoso. No espero que cambie el mundo, pero me gustaría que fuera una persona que muestre esa misma amable honradez que Mandela mostró con Christo Brand o John Reinders.

La segunda lección que Mandela me enseñó es tan simple como difícil de encontrar: que se puede ser al mismo tiempo un gran político y una gran persona. Admirado y querido, era la antitesis de la maldad del poder, lo opuesto a un líder que despliega su talento para mover a las masas y sacar lo peor de la naturaleza humana.

Pregunté en una ocasión al arzobispo Tutu, cuya opinión sobre Mandela respeto más que ninguna, si podía sintetizar a Mandela en pocas palabras. Lo resumió en una: «Magnanimidad». Tutu tenía razón. Mandela tenía un gran corazón y era generoso en el uso de su poder y también como persona. Cuando me fui de su casa esa última vez mientras él encaraba el fin de sus días, no pude evitar desear que conservara la lucidez suficiente para comprender que todavía le quedaba un último triunfo, una última prueba de los logros conseguidos, que llorarían su muerte y celebrarían su vida en todas partes, pero más que eso, mucho más importante: entre sus compatriotas, lo harían todos por igual, negros y blancos.

Tengo un amplio abanico de recuerdos de Mandela. Pero hay una imagen que resalta sobre las demás. Un joven de setenta y cinco años en plenas facultades recién elegido presidente sentado ante mí justo en el mismo despacho que esos presidentes blancos que lo habían encarcelado y habían humillado a su pueblo. Parecía que en ese mismo momento se acabara de percatar de la enormidad de lo que había logrado. Acababa de comentar que unas semanas antes había visto conversar a hombres negros y blancos mientras hacían cola para votar en las primeras elecciones democráticas del país. Se detuvo para reflexionar sobre esa imagen con gratitud, satisfacción y afecto por todos sus conciudadanos, sonrió y dijo: «Es realmente extraordinario…». Sonrió de nuevo y apartó la vista como si estuviera imaginándose en su solitaria celda, o recordando el momento de su liberación, cuando todavía tenía por delante esa pendiente que parecía imposible de escalar. Estaba allí conmigo pero perdido en sus recuerdos, saboreando la consumación del sueño de toda una vida. Bajó un poco el tono de voz, pero no se le borraba la sonrisa: «Increíble —repitió—. Extraordinario, extraordinario... Sí, extraordinario».

Agradecimientos

Quiero darle las gracias en primera instancia a mi amigo James Lemoyne, que me conoce tan bien que sabía que tenía que escribir este libro incluso antes que yo. La idea fue suya y siempre estuvo ahí apoyándome y ofreciendo buenos consejos.

Mi agente Anne Edelstein se mostró más insistente que nunca a la hora de publicarlo y ha demostrado también ser mi defensora más acérrima en el trabajo de edición. No es la primera vez que va mucho más allá de las responsabilidades que se le suponen.

También debo señalar mi deuda con los variados compañeros que han trabajado conmigo en la realización de algunos documentales sobre Mandela, especialmente Cliff Bestall, Indra Delanerolle y David Fanning. Coseché buena parte del material para este libro a lo largo del trabajo que hicimos en conjunto.

Finalmente quiero hacer una mención especial a mi amigo Michael Shipster, que conoce a Mandela y Sudáfrica a la perfección y tuvo la gentileza de leer el manuscrito origi-

AGRADECIMIENTOS

nal y ofrecer diferentes posibilidades para mejorarlo. Gracias también, como siempre, a Sue Edelstein y a mi hijo James Nelson Carlin, que espero lea algún día este libro (¡más te vale!) y aprenda el supremo valor de la generosidad de su inmortal tocayo.